Planta baja

Esculturas

Antigüedades orientales

Antigüedades egipcias

Antigüedades griegas, etruscas y romanas

Artes de África, Asia, Oceanía y las Américas

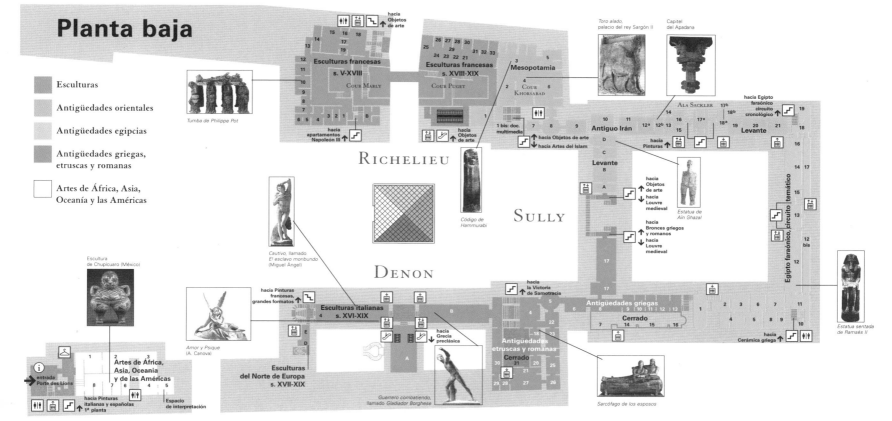

hacia Objetos de arte

15 16 18

14 17

13 19

12

Esculturas francesas s. V-XVIII

11 10

9 8

7 6 5 4 3 2 1 B

Tumba de Philippe Pot

hacia apartamentos Napoleón III

RICHELIEU

26 27 28 30
25 29
24 23 22 21 31 32 33

Esculturas francesas s. XVIII-XIX

Cour Puget

3 Mesopotamia
2 5
4 Cour Khorsabad 6

Toro alado, palacio del rey Sargón II

Capitel del Apadana

hacia Egipto faraónico circuito cronológico

19

Ala Sackler 17ᵇ
18ᵇ
14 12ᵃ 12ᵇ 13 16 17ᵃ 18ᵃ 19
15 20 Levante 21 18

Antiguo Irán

hacia Pinturas 16

14 17

Levante

15

B hacia Objetos de arte
hacia Louvre medieval

A *Estatua de Aïn Ghazal*

12 bis

C

D hacia Bronces griegos y romanos hacia Louvre medieval

17

Egipto faraónico, circuito temático

12

Estatua sentada de Ramsés II

1 bis: doc. multimedia 7 8 9
hacia Objetos de arte
hacia Artes del Islam

Código de Hammurabi

SULLY

hacia Objetos de arte

17 hacia la Victoria de Samotracia

17

Antigüedades griegas
8 9 10 11 12 13
Cerrado
7 14 15 16

1 2 3 4 5 11
10
hacia Cerámica griega

Esculturas de Chupícuaro (México)

1 2 **Artes de África, Asia, Oceanía y de las Américas**

entrada Porte des Lions

8 7 6 5 4 3
hacia Pinturas italianas y españolas 1ª planta

5 **Espacio de interpretación**

Cautivo, llamado El esclavo moribundo (Miguel Ángel)

hacia Pinturas francesas, grandes formatos

DENON

Esculturas italianas 4 s. XVI-XIX

hacia Grecia preclásica

A B

Amor y Psique (A. Canova)

E
D

Esculturas del Norte de Europa s. XVII-XIX

A

Guerrero combatiendo, llamado Gladiador Borghese

Antigüedades etruscas y romanas
22
Cerrado
30 31 20
21 25
29 28 18 26
27

Sarcófago de los esposos

Louvre
Las 300 obras maestras

Louvre
Las 300 obras maestras

Texto de Frédéric Morvan

HAZAN

MUSÉE DU
LOUVRE
ÉDITIONS

ÍNDICE

Resumir lo esencial del Louvre, uno de los museos más grandes y prestigiosos del mundo, es un proyecto ambicioso. Fortaleza durante la Edad Media y más tarde residencia de los reyes de Francia, el Louvre ha sido el escenario de ocho siglos de historia y sigue estando en el corazón mismo de la actualidad. Sus colecciones, constituidas desde Carlos V y en particular por Francisco I, presentadas al público desde 1793 con un espíritu enciclopédico, están en constante evolución: así lo demuestra la apertura a las artes de África, América y Oceanía en el 2000, y después la creación del departamento de arte islámico en el 2003. Estas áreas se suman a los otros siete departamentos: Antigüedades orientales, Antigüedades egipcias, Antigüedades griegas, etruscas y romanas, Pinturas, Esculturas, Objetos de arte y Artes gráficas. En este fondo de una increíble riqueza —más de 300 000 piezas—, las más famosas obras maestras se mezclan con obras también determinantes para la evolución de la historia del arte y de la humanidad. Lograr que esas obras sigan vivas y volverlas accesibles al público es nuestra preocupación permanente. Es fundamental hacer que la visita al museo no sólo sea un paseo obligatorio, sino un momento de deleite y de cultura, ya que el arte, antiguo o moderno, resulta esencial para nuestra vida diaria. ¿Cómo ofrecer a nuestros siete millones de visitantes anuales el recuerdo fiel de una historia que empieza hace diez mil años y que se extiende hasta mediados del siglo XIX? ¿Qué ver? ¿Cómo comprenderlo? Este libro intenta colmar ese anhelo gracias a una selección capaz de representar la diversidad de la colección. La propuesta consiste en situar más de 300 obras maestras en su dimensión histórica, y permitir así que cada visitante se apropie del museo, y a la vez comprenda los movimientos artísticos, así como el significado de las obras. Nuestra apuesta es hacer que, con ayuda de este libro, usted conserve el recuerdo de una visita rica e inolvidables.

HENRI LOYRETTE
Presidente-Director del Museo del Louvre

UNA HISTORIA DEL LOUVRE: PALACIO Y MUSEO

HUBERT ROBERT (1733-1808)

< LA GRAN GALERÍA DEL LOUVRE EN 1794-1796

FRANCIA, HACIA 1801-1805
ÓLEO SOBRE TELA
37 X 46 CM

Hubert Robert, artista domiciliado en el Louvre y, al mismo tiempo, guardián de las Pinturas del Rey, fue testigo de los cambios de la Gran Galería, que representó fielmente o según su imaginación.

Palacio de los reyes de Francia y templo de las Artes, tal es la doble vocación del conjunto arquitectónico que hoy conocemos con el nombre de Louvre, y cuya historia abarca más de ocho siglos. Es necesario retroceder hasta fines del siglo XII para evocar su origen, cuando el rey Felipe

ISRAËL SILVESTRE (1621-1691)

∨ CONSTRUCCIÓN DE LA COLUMNATA DEL LOUVRE

FRANCIA; GRABADO

El proyecto de la fachada oriental del Louvre, que da hacia la ciudad, fue objeto de un concurso organizado por Colbert en 1665. Se escogió primero a Bernini, el arquitecto de la Roma barroca, pero fue finalmente un colegio de artistas, al que pertenecía Claude Perrault, quien erigió la majestuosa Columnata que debía albergar las habitaciones reales y que se convirtió en símbolo de la arquitectura francesa clásica.

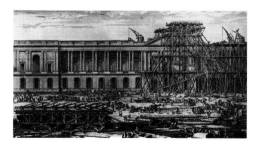

MAESTRO DE SAINT-GERMAIN-DES-PRÉS

< PIETÀ

HACIA 1500
ÓLEO SOBRE MADERA; 97 X 198 CM

La *Pietà* de Saint-Germain-des-Prés, pintada hacia 1500, ofrece una de las raras representaciones del Louvre medieval. La fortaleza, que Carlos V mandó transformar en residencia durante la segunda mitad del siglo XIV, está vista desde la ribera izquierda del Sena.

Augusto decide proteger su nueva capital, París, rodeándola con una muralla y dotándola de una fortaleza real en la ribera derecha del Sena. La torre de esa fortificación se convierte entonces en el símbolo del poder monárquico, pero pierde muy rápido su vocación estratégica que consistía en albergar el Tesoro y, al mismo tiempo, una prisión. Las ruinas del Louvre medieval están abiertas a los visitantes y se puede acceder a ellas directamente desde el vestíbulo de entrada del museo, bajo la pirámide, símbolo del Gran Louvre contemporáneo.

El rey Carlos V convierte el Louvre en residencia real en los años 1360; le da entonces una decoración digna de su rango e instala ahí su amplia biblioteca de manuscritos. Sin embargo, más adelante el palacio pierde esta función y habrá que esperar al siglo XVI para que Francisco I elija el Louvre como su residencia parisina, ordene quitar la «Gran Torre» en 1528 y, en 1546, le confíe a su arquitecto Pierre Lescot la tarea de edificar un palacio que corresponda a los gustos de esa época, la del Renacimiento. Enrique II continúa las obras, mientras que su viuda, Catalina de Médicis, decide construir un nuevo castillo fuera de la muralla, las Tullerías. En 1566, Carlos IX emprende la construcción de una galería «al borde del agua» para unir los dos edificios, siguiendo el modelo de las Uffizi, unidas al palacio Pitti de Florencia. Ésta constituirá el esbozo de la Pequeña y Gran Galería.

Enrique IV, quien hará de París el centro político e intelectual de su reino, imagina para el Louvre un importante plan de ampliación. Se trata del «grand dessein» (gran propósito), que se realizará finalmente durante los siglos XVII y XVIII. Luis XIII le encarga al arquitecto Le Mercier el patio «Carrée», que pretende multiplicar por cuatro la superficie donde se encuentra el castillo medieval y confiar a Nicolás Poussin la decoración de la Gran Galería.

Antes de escoger Versalles como residencia, Luis XIV emprende una gran campaña de embellecimiento del palacio, cuya responsabilidad confía al arquitecto Louis Le Vau. Una comisión de expertos, a la que pertenece Claude Perrault, elige para la grandiosa fachada oriental que da a la ciudad, la Columnata, obra maestra de la arquitectura clásica francesa. Le Nôtre dibuja el jardín del Palacio de las Tullerías donde se encuentran las habitaciones reales y un teatro, la Sala de Máquinas. La Galería de Apolo, en la planta alta de la Pequeña Galería, está habilitada y decorada por Le Brun. Restaurada en 2004, ha recobrado todo su esplendor original.

Los artistas y artesanos que trabajaban para la Corona se habían instalado en el palacio desde el reinado de Enrique IV, y Luis XIV había puesto en él las academias —de pintura, escultura y también de arquitectura—, pero el proyecto de abrir al público las colecciones reales en el marco de un «Museum», fue mérito de Luis XIV.

Inaugurado el 10 de agosto de 1793 en plena Revolución, entre las riquezas del museo se cuentan los antiguos tesoros de la Corona y las obras de arte que pertenecían a los bienes nacionalizados de la nobleza y de la Iglesia. Los objetos confiscados durante las campañas de Napoleón Bonaparte, tanto en Alemania y en Bélgica como en Italia y que más tarde, durante la Restauración, fueron completadas por adquisiciones y campañas arqueológicas, enriquecieron considerablemente una colección que, en ese momento ambicionaba ser enciclopédica, sin olvidar los «mundos lejanos» descubiertos en esa misma época.

Napoleón III lleva a cabo finalmente «el gran proyecto» de Enrique IV, en la segunda mitad del siglo XIX. Mientras que el Louvre se divide entre el museo y los servicios ministeriales, el Palacio de las Tullerías es, desde 1789, el verdadero centro del poder. Por esa razón fue incendiado durante la Comuna en 1871 y derribado en 1882 por una República preocupada por desaparecer ese símbolo de la monarquía. Hoy en día ya no quedan sino los pabellones de los extremos y los jardines, restaurados con el objetivo de destacar su belleza, que se abren sobre la gran perspectiva de los Campos Elíseos y que albergan una importante colección de escultura al aire libre.

El ambicioso proyecto del «Gran Louvre», emprendido en 1981 por el presidente François Miterrand confirma el lugar eminente que ocupa el museo dentro del espacio público. La reestructuración de los espacios —antiguos apartamentos reales, galerías antiguas del museo pero también oficinas del antiguo ministerio de Finanzas— fue encargada a un equipo de arquitectos, entre los cuales estaba el famoso arquitecto americano de origen chino Ieoh Ming Pei. La pirámide que marca la entrada al hall monumental se ha convertido en el símbolo de uno de los más grandes museos del mundo.

Hoy en día, las colecciones y los distintos servicios del museo ocupan la mayor parte del palacio. La mayoría de las colecciones antiguas —orientales, egipcias, griegas y romanas— están situadas en el entresuelo y en la planta baja de las tres alas del museo: la Richelieu en el norte, la Sully en el este, la Denon al sur. Las colección de escultura se reparte entre los patios del ala Richelieu, para la escuela francesa, y el ala Denon para las escuelas extranjeras.

El departamento de Objetos de arte ocupa una gran parte del primer piso del ala Richelieu, así como la Galería de Apolo. En cuanto a las pinturas, éstas se exhiben tanto en la Gran Galería y en las grandes salas rojas situadas en el primer piso del ala Denon, como en el segundo piso del ala Sully, alrededor del Cour Carrée.

Por su decoración, muchas de las salas evocan la propia historia del Louvre: los vestigios del Louvre medieval bajo el Cour Carrée; la Sala de las Cariátides, antigua sala de prestigio en el Renacimiento que hoy conforma el escenario donde se exhibe la escultura helenística; las habitaciones del pabellón del rey, donde se encuentra la antecámara de Enrique II, decorada ahora con un techo pintado por Braque; los apartamentos de veraneo de Ana de Austria, en la planta baja de la pequeña galería, donde se encuentra la escultura romana: las salas de las maderas en el ala de la Columnata, donde se presentan las obras maestras del arte egipcio, o las habitaciones de Napoleón III en el ala Richelieu. Otros espacios fueron concebidos desde el principio para presentar las colecciones del museo, como las salas del museo Carlos X, cuya decoración pintada evoca la historia de las civilizaciones de la Antigüedad y de su redescubrimiento, o los patios techados donde se conservan tanto los vestigios de la antigua Khorsabad como las esculturas de exteriores del siglo XVII al siglo XIX.

Actualmente el Louvre es un conjunto complejo que reúne diversas colecciones históricas, pero que también da un lugar importante a las expresiones contemporáneas. No se limita a los gigantescos edificios ubicados a lo largo del Sena: los jardines de las Tullerías completan la colección de escultura, y el museo Eugène Delacroix, situado en el barrio parisino de Saint-Germain-des-Prés, amplía las colecciones de pintura.

Construido en 1857 según los planos del artista, este taller milagrosamente conservado se convirtió en museo nacional en el año 1971 y en el 2004 quedó definitivamente bajo la tutela del Louvre.

∧ EL LOUVRE DE NAPOLEÓN III

FRANCIA, 1857
ÓLEO SOBRE TELA; 212 X 222 CM

El sueño de Enrique IV se hace realidad bajo el reinado de Napoleón III. Un conjunto de alas y patios une el Louvre con el Palacio de las Tullerías, en primer plano. Pero este estadio ideal es efímero, ya que el Palacio será incendiado en mayo de 1871 durante la Comuna.

> PATIO DE NAPOLEÓN CON LA PIRÁMIDE DE IEOH MING PEI

El proyecto del Gran Louvre se inició en 1981. Se trataba de reorganizar la totalidad del museo alrededor de un vestíbulo central, situado bajo el patio de Napoleón, e iluminado por una pirámide de vidrio. Fue el arquitecto norteamericano Ieoh Ming Pei, encargado de esta última metamorfosis, quien le dio al Louvre su nuevo símbolo.

VISTA DE LAS TULLERÍAS

Las 28 hectáreas de las Tullerías constituyen uno de los más bellos paseos de París. Diseñado en 1664 por André Le Nôtre para Louis XIV, el jardín se organiza alrededor de un gran eje que abre una perspectiva monumental hacia la Concorde y los Campos Élíseos. Hoy en día alberga una parte de las colecciones de escultura del museo.

MUSEO EUGÈNE DELACROIX
VISTA INTERIOR DEL TALLER

Concebido por el propio pintor en 1857, el taller de Eugène Delacroix se abre hacia el jardín con un gran ventanal. Lo ocupó hasta su muerte en 1863 y fue gracias a sus alumnos, entre los cuales estaban Maurice Denis y Paul Signac, que el taller se conservó y finalmente se transformó en museo.

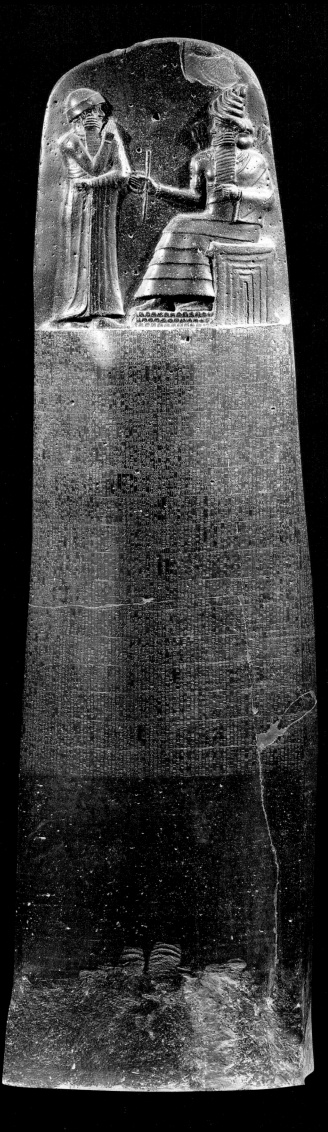

CÓDIGO DE HAMMURABI

Primera dinastía de Babilonia, reinado de Hammurabi, 1792-1750 a.C.
Descubierto en Susa, Irán
Origen: Mesopotamia, Irak
Basalto; Altura: 225 cm

Esta alta estela fue descubierta en Susa, donde formaba parte del botín mesopotámico. En la cima están representados el soberano de Babilonia, de pie, escuchando al dios sol Shamash, sentado sobre un trono en forma de templo; el texto en caracteres cuneiformes es una recopilación de sentencias reales que rigen todos los aspectos de la vida cotidiana: agricultura, medicina, familia, pero también el robo, el falso testimonio, los golpes y las heridas, modulando las penas según el estatuto social del culpable. La ley del talión, «ojo por ojo, diente por diente», inspirará a los judíos exiliados en Babilonia.

ANTIGÜEDADES ORIENTALES

MESOPOTAMIA, IRÁN, LEVANTE, ARABIA PRE-ISLÁMICA

TABLILLA PICTOGRÁFICA DE LA MANO

Época del Uruk reciente, fin del IV milenio a.C.
Baja-Mesopotamia
Caliza; 5 x 4,2 cm

La invención de la escritura hacia el 3200 a.C., motivada por el intercambio comercial y la instauración de administraciones en las ciudades-Estado, es uno de los mayores avances de la civilización mesopotámica. Sobre esta tablilla arcaica aparecen signos gráficos directamente identificables (por ejemplo, la mano) y otros esquemáticos (abajo a la derecha, el signo «grande»). No se trata de frases constituidas, sino de un conjunto coherente, legible en su totalidad. Estos primeros pictogramas evolucionarán hacia la compleja escritura cuneiforme sumeria.

Se agrupan bajo la denominación de Antigüedades orientales las obras que provienen de un inmenso territorio, los actuales Oriente próximo y Medio Oriente, que estuvieron unidos bajo el poderoso imperio persa de Darío y finalmente fueron conquistados por Alejandro. Del Mediterráneo al Indo, es la cuna de los testimonios de los primeros pueblos, de la invención de la cerámica desde el VII milenio antes de nuestra era y de las primeras sociedades urbanas, las ciudades-Estado del IV milenio. Se sitúa también ahí la invención de la escritura, así como el origen de las religiones del mundo occidental. El departamento de Antigüedades orientales ilustra perfectamente, con sus colecciones, la calidad de las artes y de las técnicas empleadas en la elaboración de un vocabulario formal universal, cuyo heredero es el mundo grecorromano. Desde el Neolítico, la gran diversidad geográfica, étnica y lingüística de las culturas del antiguo Oriente estuvo marcada por el desarrollo de intercambios, bélicos o pacíficos, comerciales, intelectuales y religiosos, que contribuyeron a formar una civilización compleja.

El arte de esas refinadas culturas, a la vez real y religioso, está marcado por el antropomorfismo y el vínculo estrecho con las fuerzas de la naturaleza que dieron lugar a un panteón de gran riqueza. En todo el Oriente antiguo encontramos representaciones, tanto en bulto redondo como en bajorrelieve, de orantes, divinidades identificables con símbolos propios como el Sol, la Luna o un bestiario a veces fantástico de monstruos, genios o demonios, pero también escenas rituales de libaciones, ofrendas o sacrificios. Además, los soberanos se encargaron de inmortalizar en piedra, tanto sus hazañas guerreras y sus actividades de administradores y legisladores, como el indispensable papel de intermediarios entre el mundo de los dioses y el de los hombres. La vida cotidiana de Mesopotamia se evoca hoy gracias a la cerámica conservada en las tumbas, y la riqueza de la vida en la corte ha llegado hasta nosotros gracias a la orfebrería, los marfiles y las lozas. La imponente arquitectura mesopotámica se puede conocer gracias a fragmentos espectaculares de templos y de palacios, clavos de fundación, bloques de grandes capiteles y frescos del palacio de Darío en Susa, sin olvidar a los toros alados con cabeza humana, guardianes del palacio de Khorsabad o incluso la pintura mural en Mari o en Tel Barsip. No fue sino en el siglo XIX cuando se descubrieron los vestigios de la civilización mesopotámica en Irak, planicie grande y fértil irrigada por el Tigris y el Eúfrates. Las ciudades de Khorsabad y de Tello (antigua Girsu) fueron las primeras en entregar los tesoros de las civilizaciones asiria y sumeria. Luego fue el Levante, Siria y Líbano, cuna de la cultura fenicia, e Irán, con la ciudad de Susa, capital del imperio elamita antes de convertirse en la de los persas. En Susa se conservaba, entre otras cosas valiosas, el «botín mesopotámico», un conjunto de monumentos históricos saqueados por un conquistador elamita del siglo XII a.C., entre los cuales se encuentra el *Código de Hammurabi*, rey de Babilonia (siglo XVIII a.C.). Fue así como se consiguió reconstruir la historia de los grandes imperios como el de Akkad, que agrupaba los países del Sumer, de Akkad y de Mesopotamia del Norte en el III milenio; el de Babilonia; el de Asiria, que conoció su apogeo bajo Sargón y Asurbanipal; y finalmente el de los persas, que Ciro II el Grande y Darío I extendieron hasta Egipto, los confines de Grecia y los de la India.

Los primeros descubrimientos que se enviaron a Francia dieron lugar al «Museo Asirio», creado en 1847, que en el año 1881 se convertiría en el Departamento de Antigüedades Orientales del Museo del Louvre. Más adelante, gracias a los acuerdos firmados con distintos países del Cercano Oriente, fue posible constituir un conjunto de primer orden enriquecido constantemente por las donaciones privadas. Esta colección, rica en obras maestras y lo bastante completa para ofrecer un panorama continuo de varios milenios hasta la conquista del Islam, se presenta actualmente en las alas Richelieu y Sully del museo, dividida en grandes unidades territoriales: Mesopotamia, Irán y Anatolia, el Levante y la Arabia pre-islámica.

ESTELA DE LA VICTORIA DEL REY NARAM-SIN

DINASTÍA DE AKKAD, REINADO DE NARAM-SIN,
2254-2218 AC.
DESCUBIERTA EN: SUSA, IRÁN
ORIGEN: MESOPOTAMIA, IRAK
CALIZA; 200 X 105 CM

En el centro de esta estela de la victoria, uno de los documentos más importantes de la cuna mesopotámica, llevado a Susa en el siglo XII a.C., el rey de Akkad conduce a las tropas en el asalto del ejército de los montañeses Lullubi. Convencionalmente representado de mayor tamaño que los simples soldados, el rey lleva el tocado de los reyes mesopotámicos, la tiara de cuernos. Los astros que coronan la escena, emblemas de las grandes divinidades, el sol, la luna y el planeta Venus, protegen la victoria real.

^ ESTELA DE LOS BUITRES

PROTODINÁSTICA III, 2600-2330 AC.
TELLO, ANTIGUA GIRSU, PAÍS DE SUMER (MESOPOTAMIA, IRAK)
CALIZA; 180 X 130 CM

Esta estela es un documento excepcional, tanto por la calidad de sus relieves como por la importancia histórica del texto sumerio que los acompaña, el más antiguo monumento de victoria que ha llegado hasta nosotros. Conmemora el triunfo de Eannatum, príncipe de Lagash y nieto de Ur-Nanshe, sobre la ciudad vecina de Umma, hacia el 2450 a.C. después de un conflicto de varias generaciones. El dios Ningirsu aparece sobre una de las caras, atrapando a los enemigos en una red, mientras que, en la cara histórica, los cadáveres de los enemigos son descuartizados por los buitres.

⌄ RELIEVE PERFORADO DEL REY UR-NANSHE

ÉPOCA ANTIGUA SUMERIA, 2600-2330 AVANT J.-C.
TELLO, ANTIGUA GIRSU, TELL K, PAÍS DE SUMER
(MESOPOTAMIA, IRAK)
CALIZA; 39 X 46,5 CM

Esta placa conmemora la ceremonia de fundación, presidida por el rey de Lagash, del santuario del gran dios Ningirsu. La disposición de las escenas en forma de registros es característica de las primeras dinastías sumerias: arriba, el rey vestido con un *kanaukès*, una falda de vellones de lana, lleva sobre la cabeza un serón de ladrillos; abajo, preside el banquete ritual, con un vaso en la mano. Estos relieves, perforados en el centro, estaban destinados probablemente a ser colgados sobre un muro con un clavo de fundación.

> ESTATUA DE PERSONAJE EN PIE

VII MILENIO AC. AÏN GHAZAL, LEVANTE (JORDANIA)
YESO CALCINADO; ALTURA: 105 CM
DEPÓSITO DEL DEPARTAMENTO DE ANTIGÜEDADES DE JORDANIA

El material obtenido gracias a la cocción del yeso permitió modelar esta estatua, la más antigua del Louvre. Proviene de Jordania, del «manantial de las gacelas», cerca de Ammán, donde había sido enterrada con otras efigies similares. Las figuras erguidas, vestidas con telas tejidas y tocadas con pelucas, debían representar a los jefes de los clanes que se honraban durante las ceremonias. La estatua llegó hasta nosotros con su mirada intacta, muy expresiva, contorneada con asfalto negro en un rostro triangular, que contrasta con la simplicidad del cuerpo macizo.

> EL INTENDENTE EBIH-IL

PROTODINÁSTICA III, 2600-2330 AC.
MARI, CAUCE MEDIO DEL EÚFRATES (MESOPOTAMIA, SIRIA)
ALABASTRO, OJOS INCRUSTADOS EN CONCHA, LAPISLÁZULI,
ASFALTO; 52,5 X 20,6 CM

El intendente Ebih-il debía ser un importante dignatario del reino de Mari; se le representa conforme a la tradición sumeria difundida entonces en Siria. Sentado sobre un cofre de cestería, signo de su función, lleva la tradicional falda de lana de borrego, el *kaunakès*. La estatua está dedicada a la diosa del amor y de la guerra, Ishtar.

< ADORANTE DE LARSA

PRIMERA DINASTÍA DE BABILONIA,
REINADO DE HAMMURABI, 1792-1750 AC.
LARSA, MESOPOTAMIA (IRAK)
BRONCE, PLATA, ORO;
19,5 X 14,8 CM

Esta estatuilla de un hombre arrodillado en actitud de oración fue dedicada al dios Amurru «para la vida de Hammurabi», por Awil-Nannar, dignatario de la ciudad de Larsa que acababa de ser conquistada por los babilonios. Representa al propio rey, tocado con un gorro real, quien aparece también grabado en el zócalo, orando frente al dios que está sentado sobre un trono.

> EL REY GUDEA «DEL VASO REBOSANTE»

II DINASTÍA DE LAGASH, REINADO DE GUDEA,
2125-2110 AC.
TELLO, ANTIGUA GIRSU, SUMER (MESOPOTAMIA,
IRAK); CALCITA; 62 CM X 25,6 CM

Se han encontrado numerosas efigies de este príncipe de Lagash, que inició la restauración sumeria después de la caída del imperio acadio y fundador de numerosos templos en los que había estatuillas votivas. Ésta, hallada en el templo de la diosa Geshtinianna, está dedicada al dios Enki, señor de las aguas subterráneas, garantía de la fertilidad.

∧ LA CAMPAÑA DE ELAM DEL REY ASURBANIPAL

IMPERIO ASIRIO, REINADO DE ASURBANIPAL, 668-629 AC.
NÍNIVE, PALACIO, SALA V1/T1, ASIRIA (MESOPOTAMIA, IRAK)
ALABASTRITA; 162 X 77 CM

Este relieve ilustra la campaña de los ejércitos asirios en Elam,
que condujo a la toma y al pillaje de Susa en 646. Pertenecía
a la decoración mural de una sala del «palacio sin rival» que el
rey mandó construir en su capital, Nínive. La alta figura
de Asurbanipal, sobre su carro, con su escolta, domina la
deportación de los elamitas vencidos.

∨ TOROS ALADOS CON CABEZA HUMANA

IMPERIO ASIRIO, REINADO DE SARGÓN II,
721-705 AC.
KHORSABAD, ANTIGUA DUR-SHARRUKIN,
ASIRIA (MESOPOTAMIA, IRAK)
ALABASTRITA; 420 X 436 CM

Estos grandiosos toros alados con cabeza humana
eran los genios protectores que, por parejas,
montaban guardia en las puertas de la ciudad y del
palacio del rey asirio Sargón II. Dan una idea de la
monumentalidad de la arquitectura asiria y, junto
con los paneles en bajorrelieve u ortostatos que
tapizan las salas del palacio, muestran la calidad
de esta escultura, a la vez realista y estilizada.

< FRISO DE LOS ARQUEROS

DINASTÍA PERSA AQUEMÉNIDA, 522-486 AC.
SUSA (IRÁN)
LADRILLO DE PIEDRA VIDRIADO;
475 X 375 CM; LADRILLO: 8,5 X 33 X 17 CM

Los muros del palacio de Darío I en Susa estaban decorados
con un recubrimiento de ladrillos vidriados cuyo objetivo era
mostrar la fuerza y la grandeza del imperio persa, siguiendo una
antigua tradición babilónica. Este fragmento representa un des-
file de arqueros en uniforme de gala, tal vez los «inmortales»
de la guardia personal del Gran Rey, descritos por Heródoto.

MAQUETA DEL SANTUARIO «SIT SHAMSHI»

DINASTÍA DE LOS SHUTRUKIDAS, SIGLO XII AC.
SUSA (IRÁN)
BRONCE; 60 X 40 CM

En el centro de esta representación volumétrica de un lugar de culto al aire libre se distingue a dos hombres desnudos atareados en una purificación ritual. Alrededor de ellos, hay una pila para el agua sagrada, unos arbustos que simbolizan el árbol sagrado y torres escalonadas de varios pisos: los «zigurats». Según la inscripción, se trata de la «ceremonia de amanecer», dedicada a Inshushinak por el gran rey elamita Shilhak-Inshushinak.

∧ ASA DE VASIJA EN FORMA DE ÍBICE ALADO

DINASTÍA PERSA AQUEMÉNIDA,
539-333 AC.
IRÁN
PLATA, ORO; ALTURA: 26,5 CM

Las vasijas de lujo eran muy apreciadas durante los banquetes oficiales en la corte del rey de los persas aqueménidas. Esta asa pertenecía a una gran ánfora metálica. La máscara de Silene, proveniente de las colonias griegas de Asia Menor, y el íbice alado, típicamente iraní, son característicos del estilo internacional que se impone en el imperio persa.

> CELEMÍN DECORADO CON ZANCUDAS, PERROS E ÍBICES

SUSA I, HACIA 4200-3500 AC.
SUSA (IRÁN)
TERRACOTA PINTADA; 28,9 X 16,4 CM

Desde el principio de la construcción de Susa, se habilitó una necrópolis al pie de una alta terraza, centro religioso de la nueva ciudad. En las tumbas, vasijas de terracota servían de receptáculo para las osamentas de los difuntos —copas para el cráneo, celemines para los huesos largos. La decoración naturalista y estilizada es característica de la producción de Susa: se pueden reconocer aquí a los íbices de las montañas iraníes pero también a los perros del desierto, los *sloughis*; las zancudas evocan los pantanos.

∧ ESTATUILLA DE MUJER, *LLAMADA*
«LA PRINCESA DE BACTRIANA»

COMIENZOS DEL II MILENIO AC.
BACTRIANA (IRÁN «EXTERIOR»)
CLORITA, CALIZA; 18,1 X 16 CM

El *kaunakès* de esta princesa, retomado de la
cultura mesopotámica, es un vestido de vellones
de lana. El empleo de materiales distintos realza
el contraste entre el rostro claro y el verde oscuro
del vestido y del tocado. Probablemente, estas
estatuillas se colocaban en los templos o en las
tumbas en señal de devoción.

∨ DIOS CON MANO DE ORO

DINASTÍA DE LOS SUKKALMAH (PRÍNCIPES
REGENTES), COMIENZOS DEL II MILENIO AC.
SUSA (IRÁN)
COBRE, ORO; 17,5 X 5,5 CM

La tiara de cuernos y el largo *kaunakès*
de inspiración mesopotámica dan prueba
del carácter divino de este personaje sonriente. Esta lujosa estatuilla votiva, que
antes estuvo enteramente cubierta de oro,
representa quizás a Inshushinak, «señor
de Susa», cuyo templo se elevaba sobre
la acrópolis.

< EL DIOS BAAL BLANDE EL RAYO

SIGLOS XV-XIIIE AC.
RAS SHAMRA, ANTIGUA UGARIT, CERCA DEL TEMPLO DE BAAL;
LITORAL MEDITERRÁNEO (SIRIA)
CALIZA; 142 X 50 CM

Esta estela representa al dios de la tormenta, llamado
Baal —«Señor»— en Ugarit, responsable del crecimiento
de la vegetación y de la fertilidad de la tierra. Blande
una maza de la que debe surgir el rayo para engendrar
la lluvia. Ilustra la civilización internacional del Levante
pues le debe tanto al arte egipcio como al de Anatolia,
y prefigura al Zeus y al Júpiter de la mitología
grecorromana.

^ VASIJA MONUMENTAL

SIGLO VII AC.
AMATONTE, SANTUARIO DE AFRODITA, CHIPRE
CALIZA; 190 X 320 CM

Esta enorme vasija monolítica, que pesa 13 toneladas,
formaba parte de una pareja que pertenecía al mobiliario
de un templo dedicado a Afrodita, en Amatonte
(cerca de Limassol). Los toros y los florones que
aparecen sobre las asas son símbolos de la gran diosa
de Chipre.

> TRÍADA DE DIOSES PALMIROS

PRIMERA MITAD DEL SIGLO I AC.
CERCA DE BIR WEREB, PALMIRA (ARABIA PRE-ISLÁMICA, SIRIA)
CALIZA; 69 X 56 CM

El dios supremo Beelshamen, señor del Firmamento, está
rodeado del dios Luna Agilbol y del dios Sol Malakbel;
los tres están vestidos con corazas a la romana. El señor
de los dioses, el único barbado, viste, sin embargo un
pantalón y un tocado de influencia iraní, lo que ilustra el
carácter cosmopolita de la ciudad mercantil de Palmira,
centro de una red de caravaneros.

< COPA DE LA CAZA

SIGLOS XIV–XIII AC.
RAS SHAMRA, ANTIGUA UGARIT, CERCA DEL TEMPLO DE BAAL;
LITORAL MEDITERRÁNEO (SIRIA)
ORO; DIÁMETRO: 18,8 CM

Obra maestra de la arquitectura levantina, esta copa
fue ofrecida al templo de Baal en Ugarit, dios protector
de la ciudad y de la dinastía reinante. Está ornada con
una escena de caza: el rey sube sobre su carro seguido
por su perro. La caza incluye cabras salvajes y bóvidos.

LA DIOSA HATHOR
ACOGE A SETHI I

XIXª dinastía, reinado de Sethi I,
1294-1279 aC.
Caliza pintada;
226 x 105 cm

Este gran relieve, que adornaba el paso
de una puerta en la tumba del faraón
en el Valle de los Reyes, cerca de Tebas,
evoca el momento en que es recibido
en el mundo de los muertos por la hija
de Ra, tocada con el disco solar, enmar-
cada con cuernos de vaca y que le hace
tocar su collar en señal de protección.
La riqueza de la vestimenta, los tocados
y las joyas dan testimonio de una
civilización refinada.

ANTIGÜEDADES EGIPCIAS

LIBRO DE LOS MUERTOS DEL ESCRIBA NEBQED

XVIIIº dinastía, hacia 1550-1295 aC.
Papiro pintado; 630 x 30 cm

Rollos de papiro cubiertos con textos y fórmulas rituales eran colocados en las tumbas para ayudar a los difuntos a obtener lo que necesitarían en su largo viaje en la eternidad. Estaban ilustrados con viñetas que representaban las distintas etapas de los funerales entre las cuales destaca la momificación, así como la llegada al mundo de los muertos, donde el alma era sometida a juicio ante el dios Osirisis.

Al contrario de lo que ocurría en Oriente, verdadero mosaico de culturas, el antiguo Egipto conoció una estricta unidad geográfica, así como una notable estabilidad política y cultural durante más de 4500 años. La historia de esta civilización, indisociablemente unida al Nilo, ignorada durante mucho tiempo, con excepción de sus colosales pirámides, pudo reconstituirse a partir de la campaña llevada por Bonaparte en 1798 y sobre todo en 1826, cuando Champollion consiguió descifrar la escritura jeroglífica. El mismo año ocurrió también la creación del departamento egipcio del Louvre, el más antiguo museo de egiptología del mundo. Gracias a las excavaciones llevadas a cabo por el Instituto francés de Arqueología Oriental del Cairo y por el Louvre durante el siglo XIX, las colecciones conservan testimonios imprescindibles, desde las primeras civilizaciones prehistóricas hasta la época cristiana y ofrecen un panorama completo del Egipto faraónico.
La religión funeraria egipcia, cuyo panteón polimorfo es de una riqueza extraordinaria, tenía como fundamento la per-

petuación en el más allá. Una condición imprescindible para esta inmortalidad consistía en conservar la imagen de los muertos. Por esta razón, las tumbas han ofrecido una imagen viva de esta cultura, a través de obras sagradas, y con representaciones de la vida cotidiana hasta en sus menores detalles. Sin mencionar los numerosos textos, inscritos en piedra o escritos sobre papiros y sobre los propios cuerpos, conservados durante milenios gracias a la momificación. El mundo de los muertos que ocupaba la ribera occidental del río por el lado del poniente, era el reflejo del mundo de los vivos, establecido en la ribera oriental. Los egipcios supieron sacar provecho de todos los materiales de que disponían, piedra, arcilla, bronce, pero también supieron importar aquellos que les hacían falta, como el oro traído de África, o la madera de Líbano, pero también las piedras semipreciosas, como el lapislázuli. Desde las esfinges gigantes, talladas en el granito, hasta las joyas más preciosas, pasando por las representaciones de los faraones, de sus familias y de sus dignata-

rios, podemos seguir todos los refinamientos de la elaboración de los cánones estéticos al servicio de la glorificación de un pueblo que consiguió su propósito: existir para la eternidad. La presentación de las colecciones egipcias siguió el carácter universal de los testimonios recogidos, y se organizó siguiendo un doble recorrido en el ala Sully del museo. El primero, de tipo temático, ilustra la vida en el valle del Nilo a través de la caza y de la pesca, de la agricultura y del comercio, de las artes y los oficios, de la vida doméstica, de la escritura, la arquitectura y la decoración de los templos, de la religión y de los ritos funerarios. El segundo, siguiendo la cronología, desde el fin de la prehistoria hasta los sucesores de Alejandro, reúne las obras maestras del arte egipcio propiamente dicho. Las primeras dinastías están marcadas por el establecimiento de una realeza, en la que el soberano tenía una dimensión divina. El antiguo imperio (hacia 2700-2200 a.C.), que vio la construcción de las pirámides en Saqqarah y en Gizeh, nos ha dado obras excepcionales como el *Escriba sentado*. El Imperio Medio (2033-1710 a.C.) brilla por la calidad de su estatuaria, pero también por su orfebrería. El Imperio Nuevo (hacia 1550-1069 a.C.) es la edad de oro de la civilización faraónica, con los Tutmosis, Amenofis, Sethi y varios Ramsés, inmortalizados por sus sepulturas y sus grandes obras arquitectónicas. El primer milenio anterior a nuestra era está marcado por las luchas incesantes con los imperios de Oriente, que terminarán en la conquista persa. En 332 a.C. Alejandro Magno integra Egipto a su inmenso imperio y le da faraones griegos, el último de los cuales es la famosa Cleopatra, vencida por Octavio en el año 30 a.C. fecha en la que Egipto se vuelve romano. Las obras del Egipto romano y copto se presentan aparte, en el ala Denon, con un conjunto de obras dedicado al Mediterráneo oriental, romano y bizantino.

< PUÑAL DE «GEBEL EL-ARAK»

HACIA 3300-3200 AC.
HOJA DE SÍLEX, EMPUÑADURA EN MARFIL (DIENTE DE HIPOPÓTAMO);
25,5 CM (EMPUÑADURA: 9 CM)

Encontrado en un valle desértico entre el Nilo y el mar Rojo,
cerca de Abydos, este puñal de gala pertenece a la civilización
predinástica de Nagada. La decoración de la empuñadura
representa a un «rey-sacerdote» situado entre dos leones alzados,
de influencia mesopotámica, pero también aparecen combates
representados según las convenciones que serán el fundamento
de la representación artística del Egipto faraónico.

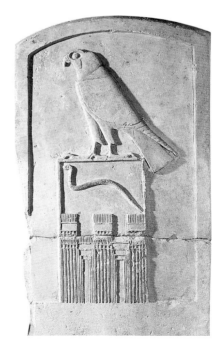

> ESTELA DEL REY SERPIENTE

Iʳᵃ DINASTÍA, HACIA 3000 AC.
CALIZA; FRAGMENTO CONSERVADO:
143 X 65 CM
DETALLE

Desde el origen de la civilización egipcia, los reyes tinitas se
ocuparon con mucho cuidado de sus sepulturas. Aquel cuyo
nombre tiene por transcripción jeroglífica una serpiente, protegida
aquí por el dios halcón Horus, estaba enterrado en Abydos
en una tumba cuya arquitectura se asemeja a la sepultura representada en esta estela, frente a la cual se depositaban las ofrendas.

> ## MODELO DE BARCO

XII ᴬ DINASTÍA, HACIA 1963-1786 AC.
MADERA ESTUCADA Y PINTADA; 38,5 X 81 CM

Como todas las tumbas de los dignatarios, la del canciller
Nakhti, en Assiout, dejó numerosos testimonios de la vida
cotidiana de los egipcios y, en particular, de la relación
privilegiada que tenían con el Nilo. Gracias a embarcaciones
como ésta, el muerto podía emprender una peregrinación,
pescar e incluso comerciar o aprovisionarse de alimentos
para la eternidad.

∨ MASTABA DE AKHETHETEP

Vᴬ DINASTÍA, HACIA 2400 AC.
BAJORRELIEVES REARMADOS EN UNA ALBAÑILERÍA MODERNA,
CALIZA
DETALLE: LOS MÚSICOS

< ## GRAN ESFINGE

FECHA INCIERTA
GRANITO ROSADO; 183 X 480 CM

Esta esfinge monumental, encontrada en el templo de Amon-
Ra del que era guardián, en Tanis, al noreste del delta del Nilo,
es una de las más grandes conservadas fuera de Egipto, y
quizás una de las más antiguas. León de cabeza humana que
simbolizaba la majestad del faraón, «viva imagen» del rey
cuyos rasgos suele copiar, la esfinge representa igualmente
el vínculo sagrado con el dios solar.

Las *mastabas*, capillas construidas cerca de las tumbas
de los dignatarios y destinadas a albergar el panteón subterráneo que contenía su sarcófago, solían encontrarse
alrededor de las pirámides reales. Ésta, originaria de
Saqqarah, es notable por la calidad y la diversidad de los
relieves que decoran sus muros: escenas de caza y de pesca,
trabajos en los campos y ganadería, sin olvidar los placeres
de la música y la danza.

> ### CABEZA DEL REY DIDUFRI

IVᴬ DINASTÍA, HACIA 2550 AC.
CUARCITA CON RESTOS DE PINTURA; 26,5 X 33,5 CM

Este fragmento de esfinge real es el retrato del hijo y sucesor
de Kheops, y hermano de Khefren: fue encontrado en el templo
funerario que colindaba con su pirámide, cerca de Giza.
Los rasgos viriles del faraón fueron esculpidos con realismo
—pómulos salientes, boca ancha y sensual— lleva el tocado
real de lino plegado, el *nemes*, en el cual el poder divino está
representado por una cobra.

^ ### ESTELA DE NEFERTIABET

IVᴬ DINASTÍA, REINADO DE KHEOPS, 2590-2565 AC.
CALIZA PINTADA; 37,5 X 52,5 CM

La princesa, sin duda hija del faraón Snefru y hermana de Kheops,
está representada de forma convencional, de perfil, vestida con un
traje de sacerdotisa, sentada frente a una mesa y rodeada de todo
lo que podría necesitar en el más allá y para la eternidad: comida,
bebida, afeites, incienso, vajilla, telas. La escultura en bajorrelieve
de colores es de una delicadeza increíble.

SEPA Y NESA

III^A DINASTÍA, HACIA 2700-2620 AC.
ESTATUAS, CALIZA PINTADA; 165 X 40 CM

Estas estatuas de tamaño natural, que representan a una pareja de altos dignatarios, se cuentan entre las más antiguas encontradas en las tumbas. Su función era representar a los difuntos después de su muerte y garantizarles así una vida eterna. Las formas son aún burdas y la pose fija, pero la suavidad del modelado de los rostros es una prueba de la sensibilidad del escultor.

> ESCRIBA SENTADO

IVª O Vª DINASTÍA, 2600-2350 AC.
ESTATUA, CALIZA PINTADA, OJOS INCRUSTADOS DE CRISTAL
DE COBRE; 53,7 x 44 CM

Encontrada en el cementerio de Saqqarah, esta estatua se convirtió en uno de los símbolos de la escultura del antiguo Egipto. Este alto dignatario de la administración real, sentado con las piernas cruzadas, que sostiene un rollo de papiro y cuyo nombre por desgracia ignoramos, está representado con un realismo sobrecogedor: sus ojos incrustados y los colores hacen que la figura parezca casi viva.

< PORTADORA DE OFRENDAS

COMIENZOS DE LA XIIª DINASTÍA,
HACIA 1950 AC.
MADERA DE FICUS UNTADA Y PINTADA;
108 x 14 CM

Muchas estatuillas eran depositadas en las tumbas de los dignatarios. Representaban a los sirvientes acompañando al difunto al más allá, y dan una imagen muy diversificada de la vida cotidiana. Esta joven sirvienta, cuya elegante silueta es característica del arte del Imperio Medio, lleva una pierna de buey y un jarro para el agua.

> EL CANCILLER NAKHTI

COMIENZOS DE LA XIIª DINASTÍA, HACIA 1900 AC.
ACACIA; 178 x 49 CM

La tumba de Nakhti fue encontrada sin abrir en Asiut, en Egipto Medio, cuatro mil años después de su muerte, y contenía un verdadero tesoro. Entre las numerosas representaciones del difunto, rodeado de una multitud de sirvientes, esta gran estatua de madera, originalmente cubierta con pintura de ocre rojo, de una sola pieza, constituye una obra maestra de la escultura por la delicadeza del modelado.

> EL REY AMENEMHAT III

XII^A DINASTÍA, HACIA 1843-1798 AC.
GRAUVACA; 21,4 X 10 CM

La estatua real obedece al canon ideal de belleza masculina
que expresa el poder del soberano, divinidad, encarnada,
pero su rostro es realmente un retrato de juventud del faraón
Amenemhat III, hijo de Sesostris III. Sus rasgos se representan
con fuerza y expresividad en la piedra: boca ancha, nariz
arqueada, pómulos marcados, mejillas hundidas, ojos rasgados
hacia las sienes.

^ LA DAMA TUYA

XVIII^A DINASTÍA, HACIA 1550-1295 AC.
MADERA DE PASIONARIA AFRICANA, ZÓCALO DE KARITÉ (?);
33,4 X 8 CM

«Superiora del Harén del dios Min», Tuya era una persona
importante en tiempos del rey Amenofis IV. El modelado
delicado del rostro, los detalles finísimos de la ancha peluca,
la elegancia de la silueta ceñida con un vestido largo y de
pliegues, hacen de esta estatuilla funeraria una de las producciones más refinadas de los talleres de la XVIII dinastía.

> ESTATUA COLOSAL DE AMENOFIS IV

XVIII^A DINASTÍA, HACIA 1350 AC.
GRES CON RESTOS DE PINTURA; 137 X 88 CM
DONACIÓN DEL GOBIERNO EGIPCIO

Mejor conocido con el nombre de Akhenaton, el esposo de
la bella Nefertiti fue responsable de una revolución, tanto
en el campo de la religión como en el de la expresión artística,
y llegó incluso a fundar una nueva capital en Amarna. Este
fragmento de columna que muestra al faraón sosteniendo dos
cetros reales obedece a nuevos cánones estéticos y a una
sensibilidad inédita con respecto a la androginia.

∧ HALCÓN CON CABEZA DE CARNERO
1254 AC. (AÑO 26 DE RAMSÉS II)
ORO, LAPISLÁZULI, TURQUESA, CORNALINA;
7,10 X 13,7 CM; CON LAS ALAS EXTENDIDAS: 13,7 CM

Esta preciosa joya fue encontrada en la tumba de un toro
sagrado de Memfis, su función era proteger al difunto; se
colocaban amuletos sagrados de este tipo en los vendajes,
durante la momificación. Ésta pieza, que representa uno de
los aspectos del dios solar Ra, intercesor entre los mundos
divino y terrestre, fue realizada según la técnica de la
incrustación con piedras de colores muy vivos.

∨ LA DIOSA SEKHMET
XVIIIᵃ DINASTÍA, REINADO DE AMENOFIS III,
1391-1353 AC.
DIORITA; ALTURA: 178 CM (SIN EL DISCO, RESTAURADO)

Destinada al templo tebano de Amenofis III, esta estatua
encontrada en Karnak representa a «la Poderosa», una diosa
con cabeza de leona que encarna las fuerzas destructoras
del dios solar. Responsable de las epidemias, de la sequía o
incluso del desorden, era objeto de un culto asiduo para apla-
car su cólera y conservar así la fertilidad en el valle del Nilo.

< **KAROMAMA, DIVINA ADORADORA DE AMÓN**

XXIIᴬ DINASTÍA, HACIA 850 AC.
BRONCE INCRUSTADO DE ORO, PLATA Y ELECTRUM;
ALTURA: 52,5 CM

La silueta alargada y la suavidad de los rasgos del canon de belleza elaborado por los egipcios ya había llamado la atención de Champollion cuando adquirió «el bronce más bello que se ha descubierto en Egipto», esta estatuilla que representaba a la «esposa del dios». Nieta de Osorkon I, la princesa aparece incluso con los atributos del faraón y debía llevar unos sistros para despertar los ardores de su esposo, el dios Amón en persona.

> **MOMIA DE PACHERI**

ÉPOCA PTOLEMAICA, SIGLOS III-II AC.
LINO, VENDAJES DE LINO UNTADOS Y PINTADOS
(«CARTONNAGES»); LARGO: 1,67 M

La técnica de la momificación permitió a innumerables egipcios de la Antigüedad atravesar milenios sin perder su forma, algo que sin duda constituía una de las condiciones esenciales de su culto a la vida en el más allá. Evisceración, deshidratación, unción y embalsamamiento constituían las principales etapas, antes de que el cuerpo fuera envuelto en vendajes y protegido con amuletos.

> ## SARCÓFAGOS DE TAMOUTNEFRET

XIXᴬ DINASTÍA, 1295-1186 AC.
MADERA ESTUCADA, PINTADA Y DORADA;
ALTURA MÁXIMA: 192 CM

En la religión egipcia, la conservación de la momia era primordial para garantizar el reposo en la «casa de la eternidad». Para los más afortunados, como esta cantante de Amón, se colocaba el cuerpo en sarcófagos enmarcados, pintados con escenas y textos simbólicos que, al igual que los amuletos sagrados, garantizaban su protección y la perpetuación del nombre.

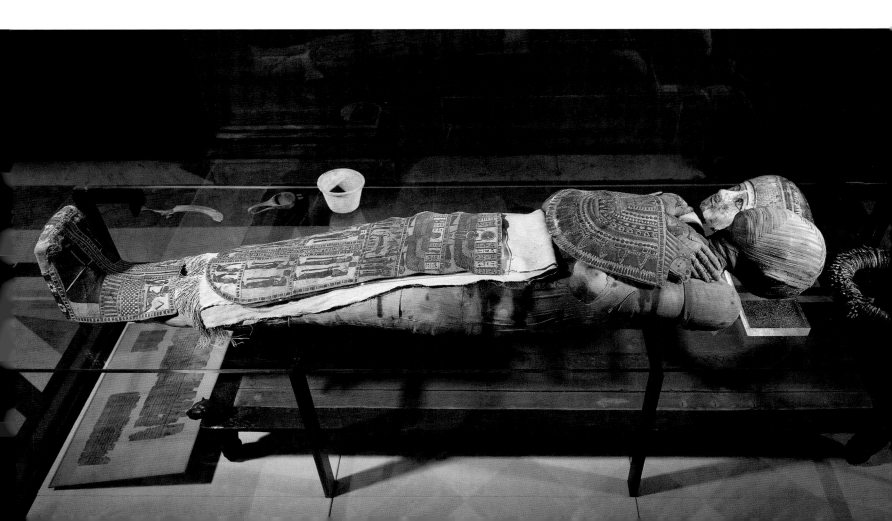

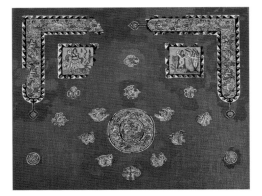

EL CHAL DE SABINA

SIGLO VI
TAPICERÍA Y TELA DE LANA;
110 M X 140 CM

Este chal de tela de lana adornado con tapicerías, cubría los hombros del cadáver de una dama inhumada en Antinoé. La mitología grecorromana inspiró las representaciones de Dafne y Apolo, Diana cazadora, Belerofonte y la Quimera para complacer los gustos de una rica romana, pero la decoración, llamada «nilótica», de las cintas, remite aún al repertorio del antiguo Egipto.

↗ VIRGEN DE LA ANUNCIACIÓN

FINALES DEL SIGLO V
MADERA DE HIGUERA CON RESTOS DE POLICROMÍA
28,5 X 14,2 CM

Sólo el pie del arcángel Gabriel subsiste en este grupo policromo donde se representa a la Virgen hilando la púrpura para el velo del Templo. Este fragmento de un cofre o un mueble ilustra a la vez la habilidad de los escultores (a pesar de lo escasa que resulta la madera en Egipto), y la extraordinaria conservación del material gracias a un clima muy seco.

IGLESIA SUR DEL MONASTERIO DE BAOUIT, EGIPTO MEDIO

SIGLOS VI-VII

Descubiertos en 1900 por el arqueólogo Jean Clédat, los vestigios del monasterio de Bauit revelaron la existencia de dos iglesias cuyos fragmentos fueron repartidos entre el Museo del Cairo y el Louvre. Impresionante por la calidad de su decoración esculpida, la arquitectura grecorromana se ve reinterpretada aquí por los artesanos locales, y adaptada a la iconografía paleocristiana.

< **FRASCO PARA EULOGIA DE SAN MENAS**

ÉPOCA COPTA, SIGLO VI
TERRACOTA; 12,4 X 10,2 CM

Representado en piedra, entre dos camellos, San Menas cuyo santuario estaba cerca de Alejandría, era objeto de peregrinación. Desde los primeros siglos de nuestra era, este tipo de envase de terracota, que contenía agua de una fuente milagrosa, tierra del santuario o aceite santificado por contacto con las reliquias, se le vendía a los peregrinos, por el clero, como recuerdo de su viaje.

∧ **EL CRISTO Y EL ABATE MENA**

BAOUIT, MONASTERIO, SIGLOS VI-VII
PINTURA DE CERA Y TÉMPERA SOBRE MADERA DE HIGUERA;
57 X 57 CM

Testimonio de la cristianización de Egipto, el arte de los íconos se distingue de la influencia bizantina por la simplicidad de la composición: Cristo pone la mano sobre el hombro del superior del monasterio de Bauit en señal de protección. La sobriedad del rollo que sostiene el abate, quizás debida a la regla monástica, se opone a la riqueza del evangelio que lleva Cristo, incrustado con perlas.

VENUS DE MILO

Hacia 100 aC.
Mármol; Altura: 202 cm

Inspirada en las Afroditas que imaginó
el escultor Praxíteles en el siglo IV, esta
Venus, diosa del amor de los romanos,
está animada por un movimiento
helicoidal que invita a darle la vuelta,
para admirar las formas llenas y clásicas
de su anatomía develada, mientras que
el deslizamiento del drapeado retenido
en sus caderas, expresa toda la
sensualidad del periodo helenístico.

ANTIGÜEDADES GRIEGAS, ETRUSCAS Y ROMANAS

HIDRA DE CAERE CON FIGURAS NEGRAS

Etruria, hacia 525 aC.
Terracota; 43 x 37,3 cm

La cerámica ática de figuras negras vivió su apogeo en Atenas a mediados del siglo VI y también tuvo un gran éxito en Italia. Se caracteriza por la claridad de su composición yla fuerza narrativa de las escenas representadas como verdaderas pinturas. Aquí, Euristeo le pide a Heracles que devuelva a los infiernos al Cerbero, perro de tres cabezas, guardián del mundo de los muertos. Esta misión será el último de los doce trabajos a los cuales Heracles había sido condenado.

El departamento de Antigüedades griegas, etruscas y romanas que, junto con el de las pinturas, es uno de los más antiguos del museo, abarca un largo periodo cronológico, desde el final del neolítico (IV milenio a.C.) hasta el siglo VI de nuestra era, que vio disgregarse el mundo romano. Reúne obras originarias de todos los alrededores del Mediterráneo que ya habían sido coleccionadas durante el Renacimiento por los príncipes humanistas enamorados de la cultura clásica, como el rey Francisco I. Sus sucesores se dedicaron a enriquecer esta colección real de antigüedades con importantes adquisiciones, en particular con la compra de la colección Borghese que adquirió Napoleón I en 1807, o de la colección Campana en 1861. Las obras de este departamento, en las que domina la escultura, sin olvidar la cerámica y el arte en bronce, ocupan un lugar primordial en el museo y, en particular, en las salas más prestigiosas del antiguo palacio de los reyes de Francia: la Sala de las Cariátides, los antiguos aposentos reales, las galerías Carlos X y Campana, repartidas entre las alas Sully y Denon. Las esculturas más imponentes se presentan en la planta baja, mientras que los objetos de dimensiones más modestas están expuestos en el primer piso.

El arte grecorromano es el modelo absoluto del arte occidental de los tiempos modernos, en particular desde el Renacimiento, y eso explica la extrema familiaridad que sentimos con sus formas, sus cánones, su mitología, ya que forman parte de nuestra cultura clásica. Estas obras se presentan en diversos materiales, de la piedra al metal, pasando por la terracota, el marfil, el vidrio, etc., y comprenden un amplio repertorio formal, fundado en la búsqueda de un ideal de belleza, cuya evolución puede seguirse en la escultura de bulto redondo, la decoración arquitectónica, la cerámica pintada y la orfebrería. La representación de los dioses y de los héroes, a través de numerosas peripecias y hazañas que marcan su historia, constituye el testimonio más espectacular de una cultura que atribuye menos importancia al parecido con la forma humana que a la elaboración de cánones de carácter sagrado. Así, el arte se pone al servicio de una fuerte espiritualidad: debe ilustrar la mitología y celebrar la gloria de aquellos que se distinguen por sus virtudes. Pero también se expresa en los objetos de la vida cotidiana, cuya calidad nos da una idea del refinamiento del *art de vivre* en las ciudades griegas y romanas. Influenciado primero por las formas orientales, el arte griego arcaico desarrollará su originalidad hasta alcanzar su madurez en el periodo clásico. Su apogeo está marcado, en Atenas en los siglos V y IV a.C. por la construcción del Partenón y por las escuelas de escultura de Policleto y de Praxíteles. La pintura griega, que prácticamente ha desaparecido, sobrevive gracias a las grandes composiciones de cerámica y a las estelas pintadas. El periodo helenístico, que comienza con las grandes conquistas de Alejandro Magno a finales del siglo IV, va a aportar al severo clasicismo todas las licencias del Oriente, para producir una expresión que se ha calificado de «barroca». Etruria, la Toscana actual, conoció el establecimiento de una civilización refinada que floreció en el siglo VIII a.C.; esta civilización mantenía vínculos estrechos con el mundo griego. Fue este vínculo lo que le permitió a Roma, que había extendido su dominio en toda Italia, encontrarse en presencia del mundo helenístico. Su conquista militar estuvo acompañada de una impregnación del arte griego que se adaptó a las particularidades del mundo romano, primero republicano, luego imperial. La elaboración de un arte oficial del retrato, que contribuyó a conservar la memoria de los rasgos de sus príncipes, es un mérito romano. También les debemos a los romanos el desarrollo de las artes decorativas y suntuarias, como la pintura mural, el mosaico, la orfebrería y la escultura funeraria.

< DAMA DE AUXERRE

HACIA 630 AC.
ESTATUA, CALIZA; ALTURA: 75 CM

Raro ejemplo de la escultura en piedra del siglo VII,
originaria de Creta, esta estatua no ha revelado aún todos
su secretos. ¿Se trata de una diosa, una oradora o una sierva
de culto? Característica del estilo dedálico, con su rostro
en forma de U, iluminado por una ligera sonrisa, está fija
en una posición estrictamente frontal pero la perfección
de los volúmenes anuncia ya la estatuaria arcaica.

^ Mujeres en el columpio

CIRENE
ÉPOCA HELENÍSTICA, 323-31 AC.
CALIZA PINTADA; 34 X 28 CM

Son escasas las pinturas decorativas que nos han llegado
de la Antigüedad. En eso radica el encanto de esta
escena familiar en una de las metopas del friso de la tumba
de Altalena, en la que una joven se dispone a alcanzar a su
compañera sobre un columpio y por eso levanta su
himation. Sus tocados, con moño corto y rizado, tienen
reflejos rojos y anaranjados.

> Koré de Ceramies

HACIA 570-560 AC.
MÁRMOL; ALTURA: 192 CM

Esta estatua proviene del santuario de la diosa Hera, en
la isla de Samos, al que había sido ofrecida por Ceramies.
Se trata de una de las *kores* más antiguas, el canon femenino
del periodo arcaico. Vestida con una larga túnica plisada,
un pesado abrigo de lana y un velo; no permite ver nada
de su anatomía, mientras que su equivalente masculino,
el «kuros», se representa desnudo.

∧ GUERRERO COMBATIENDO, *LLAMADO* GLADIADOR BORGHESE

COMIENZO DEL SIGLO I AC.
MÁRMOL; ALTURA: 157 CM

Firmada por Agasias de Éfeso, esta estatua de excepcional calidad es celebrada desde su descubrimiento en Italia, en el siglo XVII. La silueta expresiva de este combatiente, que se protegía de un jinete con su escudo, está retomada del original del gran escultor clásico Lisipo de Siciona, pero la maestría que demuestran tanto el volumen como la anatomía en el espacio la convierten en una obra maestra del periodo helenístico.

∨ HERMAFRODITA DORMIDO

MÁRMOL DE LUNI; LONGITUD: 169 CM

Copia romana a partir de una obra alejandrina del siglo II a.C., esta cultura helenística ilustra la visión filosófica del amor original, tal como la proponía Platón en *El Banquete*. Hermafrodita, hijo de Hermes y Afrodita, unido a la ninfa Salmacis, se convierte a la vez en hombre y en mujer, ambivalencia que el escultor supo expresar con sensibilidad.

∨ CABEZA DE JINETE

HACIA 550 AC.
MÁRMOL DE HIMETO; ALTURA (CABEZA): 27 CM

Si el rostro de este jinete sonriente, cuyo original se conserva en Atenas, mantiene la posición frontal convencional del kuros del periodo arcaico, su cabeza gira hacia la izquierda en un movimiento inédito. Es una de las estatuas ecuestres más antiguas del arte occidental, que quizás representa a uno de los hijos del tirano Pisístrato o alguno de los Dióscuros, Cástor o Pólux.

> TORSO DE MILETO

HACIA 480 AC.
MÁRMOL; ALTURA: 132 CM

Testigo del paso de la época arcaica al clasicismo, este torso de estilo severo inaugura el tipo del atleta desnudo con predominio de la anatomía. Rígido aún por su posición frontal, se distingue por un ligero movimiento de cadera y un notable tratamiento de la musculatura que sugiere el movimiento de brazos desaparecidos. Hallado en un teatro, podría tratarse de una representación de Apolo con un arco o una copa.

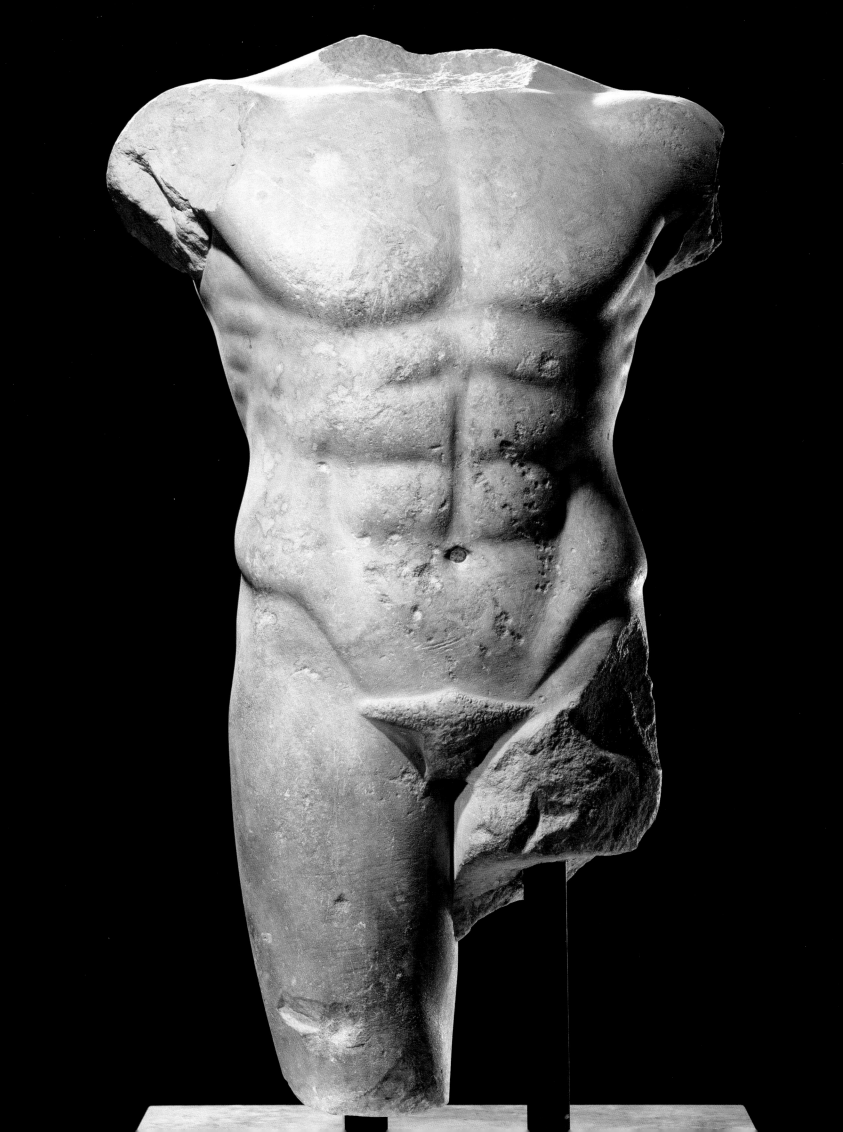

< **CRÁTERA ÁTICA EN CÁLIZ CON FIGURAS ROJAS DEL PINTOR DE LOS NIÓBIDES**

HACIA 450 AC.
TERRACOTA; 54 X 56 CM

Apolo y Artemisa matan con sus flechas a los hijos de Níobe, que había osado desafiar a su madre Leto; en el otro lado, Atenea y Heracles aparecen rodeados por una asamblea de guerreros. El pintor, anónimo, es nombrado según esta obra mayor en la que da pruebas de una gran libertad en la dispersión de las figuras y la expresión de los rostros.

∨ **CRÁTERA EN FORMA DE CALIZ CON FIGURAS ROJAS DE EUFRONIOS**

HACIA 510 AC.
TERRACOTA; 45 X 55 CM

La figura roja suplanta a la figura negra en la cerámica ateniense hacia 525 a.C. e inaugura una edad de oro en la que Eufronios destaca como uno de los pintores más fecundos. El decorado pone en escena el combate entre Heracles y el temible gigante Anteo. El rostro sereno del primero contrasta con el rictus del segundo que se inclina frente al héroe. Dos figuras de mujeres asustadas enmarcan el enfrentamiento.

> **CRÁTERA EN FORMA DE CAMPANA CON FIGURAS ROJAS DEL PINTOR DE LAS EUMÉNIDES**

HACIA 380 AC.
TERRACOTA; 49 X 52 CM

Desde el fin del siglo V a.C. los talleres de cerámica de las colonias griegas del sur de Italia producen vasijas de gran calidad. Ésta se inspira en *Las Euménides*, drama de Esquilo: Orestes va a Delfos a pedir la protección de Apolo, que lo purifica del asesinato de su madre, Clitemnestra, y hace que las Erinias se vuelvan «benevolentes» (*Euménides,* en griego).

> GRAN CRÁTERA,
LLAMADA COPA BORGHESE

HACIA 50 AC.
MÁRMOL DEL PENTÉLICO;
172 X 135 CM

Los talleres de Atenas exportaban copas
gigantescas, en grandes cantidades, hacia
Italia, decoradas con escenas figurativas
para adornar los jardines de las casas
romanas más lujosas. Su decoración,
a menudo inspirada en Baco, recuerda
la gran estatuaria helenística. En esta
composición, Dionisio y Ariadna aparecen
en el centro, mientras que ocho silenos
y ménades bailan a su alrededor.

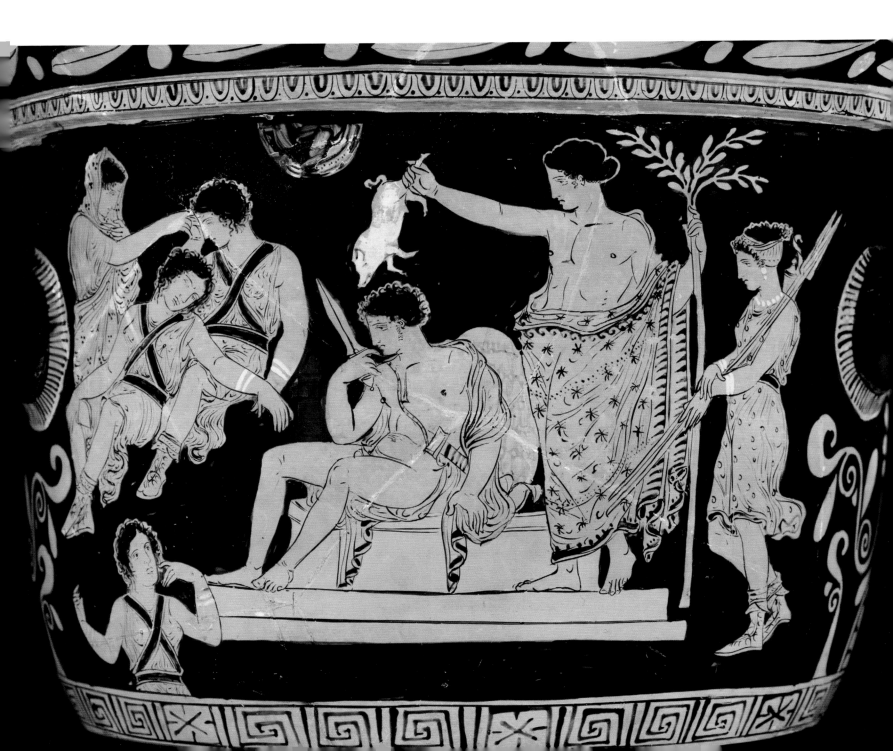

> VICTORIA DE SAMOTRACIA

HACIA 190 AC.
MÁRMOL (ESTATUA) Y CALIZA (ZÓCALO); ALTURA: 328 CM

Monumento conmemorativo de una victoria naval de los rodios, la Victoria alada se alzaba sobre la proa de un navío que originalmente se encontraba sobre un acantilado, en un santuario visible desde el mar. Por la agitación del drapeado mojado que se adhiere al torso y el movimiento de las alas desplegadas, que evoca la escuela de Pérgamo, es una de las obras más espectaculares de la Antigüedad.

^ PLACA DEL FRISO JÓNICO DEL LADO ESTE DEL PARTENÓN, O «PLACA DE LAS ERGASTINAS»

HACIA 440 AC.
MÁRMOL; 96 X 207 CM

Esta placa es un fragmento del largo friso que rodeaba el Partenón, templo dedicado a la diosa Atenea, en una superficie de más de 160 metros con unos trescientos sesenta personajes y que representaba la gran procesión de las Panateneas, fiesta que tenía lugar cada cuatro años en honor a la diosa. La maestría perfecta del bajorrelieve y la diversidad de las actitudes representadas, la convierte en uno de los conjuntos más importantes de la escultura clásica.

> RELIEVE DE UN PASAJE

HACIA 470 AC.
MÁRMOL TASIANO; 92 X 209 CM

Este relieve opone, de cada lado de un nicho para ofrendas, a tres ninfas que pertenecen todavía al tipo de las jóvenes arcaicas, y a un Apolo, coronado por otra ninfa, que se acerca ya al severo estilo clásico. La silueta del dios de las artes manifiesta la búsqueda de movimiento y agilidad mientras que su cítara en perspectiva sugiere profundidad.

∧ PLACA MURAL, *LLAMADA* PLACA CAMPANA

HACIA 530-520 AC.
TERRACOTA; 123 × 58 CM

Este gran fragmento de decoración mural, que proviene de
una tumba de Cerveteri, es un documento precioso para el
conocimiento de los santuarios de Etruria. Los rostros de las
divinidades que llevan un busto femenino, con ojos almendrados
en un perfil huidizo, recuerdan los cánones elaborados en la
misma época en Jonia por los griegos, pero aquí los pintores
etruscos supieron crear un arte original y sensible al movimiento.

∨ SARCÓFAGO DE LOS ESPOSOS

FINALES DEL SIGLO VI AC.
TERRACOTA; 114 × 190 CM

La civilización arcaica de Etruria desarrolló el
arte de la estatuaria en terracota, del cual este
sarcófago, encontrado en Cerveteri constituye,
por su tamaño, un ejemplo excepcional.

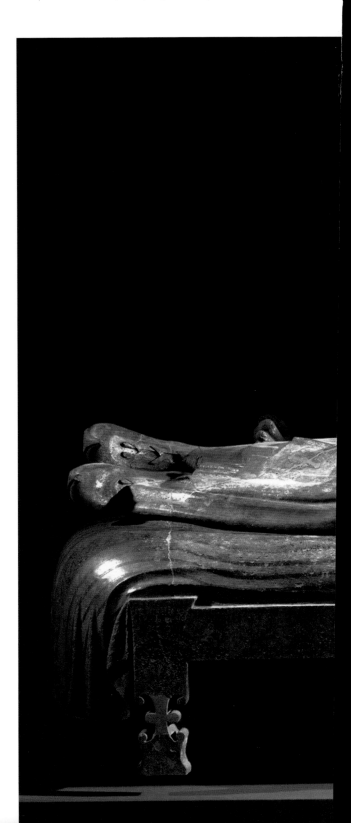

< AQUELOO

COMIENZOS DEL SIGLO V AC.
ORO; ALTURA: 4 CM

Dios-río de los infiernos de la mitología etrusca, capaz de
metamorfosearse para despistar a sus adversarios, Aqueloo
está representado en este colgante como un hombre barbado
y con cuernos. Testigo del apogeo de una civilización
próspera, esta joya, de extremada finura requirió para su
fabricación de técnicas muy delicadas: repujado para el
rostro, filigrana para el cabello, granulación para la barba.

HACIA 150 DC.
MÁRMOL; 61,5 X 205 CM

Las nueve hijas de Zeus y de Mnemosine, así
como el filósofo Sócrates y el poeta Hesiodo
aparecen sobre la cara principal y los dos lados
de este sarcófago, inspirado por el arte griego.
Reconocemos a Clío (historia), Talía (comedia),
Erato (poesía amorosa), Euterpe (poesía lírica),
Polimnia (himnos), Caliope (poesía épica),
Terpsícore (danza), Urania (astronomía)
y Melpómene (tragedia).

^ FRAGMENTO DEL ALTAR
DE LA PAZ DE AUGUSTO
HACIA 9 AC.
MÁRMOL; 120 X 147 CM

El cortejo imperial, compuesto por Augusto
y su familia, más difuntos, sacerdotes, senadores
y magistrados está directamente transpuesto
del friso jónico del Partenón, pero con retratos
realistas. Formaba parte de la decoración
esculpida de un monumento que conmemoraba
el victorioso regreso de España del Emperador,
alzado sobre el Campo de Marte en la Roma
que él había convertido en su capital.

^ MARCELO
HACIA 23 AC.
MÁRMOL; ALTURA: 180 CM

Sobrino de Augusto, Marcelo estaba destinado al trono pero murió
de manera prematura. Este retrato póstumo, esculpido por un
ateniense, Cleómenes, combina el realismo romano del rostro con un
cuerpo idealizado, directamente inspirado en los desnudos heroicos
y, en particular, en el Diadúmeno de Policleto, el gran escultor griego
del siglo V a.C. El arte imperial remite aquí al apogeo del arte clásico.

^ LIVIA

HACIA 30 AC.
BASALTO; ALTURA: 34 CM

Este retrato realista de la esposa
del emperador Octavio Augusto,
de unos treinta años de edad,
peinada a la moda de principios
de la Roma imperial, continúa
la tradición republicana de pro-
mocionar las virtudes de la clase
dirigente. Pero evoca igualmente,
por su hieratismo acentuado por
la frialdad de la piedra, el arte
real del Egipto griego del que
Roma acababa de apoderarse.

^ ADRIANO

HACIA 120 DC.
MÁRMOL; 48 X 60 CM

Emperador de 117 a 138, Adriano reina sobre un imperio apaciguado que
abarca toda la cuenca del Mediterráneo, cuya diversidad ilustrará en su
villa de Tívoli, cerca de Roma. Este busto descubierto en Creta da testimonio de su amor por el arte griego clásico pero también helenístico; aparece
barbado como un filósofo y protegido por una coraza con máscara
de Gorgona pero el realismo del retrato es totalmente romano.

^ COPA DE PLATA DEL TESORO DE BOSCOREALE
SIGLO I DC.
PLATA SOBREDORADA; DIÁMETRO: 22,5 CM

Cerca de Pompeya, en una villa sepultada bajo las cenizas de la erupción
del Vesubio en el año 79 d.C., se encontró un excepcional tesoro de orfebrería.
La decoración de esta copa de plata representa a una mujer que podría ser
Cleopatra o la hija que ésta tuvo con Julio César, pero también es una alegoría
de África, con un cadáver de elefante, una cobra y un cuerno de la abundancia.

< MOSAICO DE ANTIOQUÍA:
EL JUICIO DE PARIS

HACIA 115 DC.
MÁRMOL, CALIZA Y VIDRIO;
186 X 186 CM

Los frescos que servían de decorado a las villas romanas se completaban, en el suelo, con ricos mosaicos, realizados en los talleres del Oriente helénico. Inspirado por una pintura griega, este centro del *triclinium* (comedor) de una villa de Antioquía, hoy en Turquía, representa a Paris frente a las tres Diosas, Atenea, Hera y Afrodita, mientras que el motivo del borde, con hojas y cabezas, proviene de un modelo de Pérgamo.

> FRESCO DE POMPEYA

COMIENZOS DEL SIGLO I DC.
PINTURA MURAL AL FRESCO;
83 X 1,35 CM

Las villas de la rica Pompeya sólo fueron redescubiertas a finales del siglo XVIII. Fue entonces que se reveló toda la riqueza de sus pinturas, que habían sobrevivido al ultraje del tiempo. Este fresco sigue siendo misterioso: ¿se trata de una escena de la vida cotidiana o de la evocación de algún culto? De cualquier modo, es obvio que el pintor tenía suficiente dominio de la perspectiva como para sugerir profundidad.

ARTE ISLÁMICO

La colección de arte islámico del Louvre, una de las más importantes del mundo occidental, ilustra la creación artística de lo que llamamos el Islam «clásico», desde España hasta el norte de la India, entre los siglos VII y XIX. Si algunas obras espectaculares formaban parte ya de los tesoros de la Corona de Francia, como el bautisterio llamado «de San Luis», no fue sino a finales del siglo XIX que una sección de «arte islámico» fue creada para recibir los legados y las donaciones, así como las adquisiciones del museo. La vasija «Barberini» es un buen ejemplo. La apertura de esta sección responde a un nuevo interés por el arte islámico del que da testimonio la boga orientalista de la época. La reorganización del Gran Louvre permitió crear nuevas salas en el ala Richelieu para presentar cerámicas, metal, vidrierías, madererías, marfiles, tapices y bibliofilia. Estos objetos dan testimonio de civilizaciones creativas y refinadas. En el arte islámico, los temas religiosos son poco frecuentes. El arte profano juega con los colores y los materiales, la geometría y la estilización, donde se mezcla la caligrafía con animadas escenas de la vida principesca. En el 2004, se creó un departamento entero que espera ser instalado en un espacio más amplio en el 2008. Abarca desde el principio de los omeyas, fundadores en Damasco de la primera dinastía islámica en el siglo VII hasta su extinción en Córdova en el siglo XI, pasando por las abasidas de Bagdad y los fatimifas y los mamelucos del Cairo, y evoca una parte importante de la historia de la Edad Media en el Mediterráneo y el Oriente Próximo, esencial para comprender la herencia de la Antigüedad. Junto con el Irán y la India mongoles, las puertas del Oriente se abren entonces hacia la ruta de la seda y los grandes bazares desbordantes de riquezas. Con el imperio otomano, fundado en el siglo XIII y que alcanzó su apogeo bajo Solimán el Magnífico en el siglo XVI, cerámica, tapicería y orfebrería forman un conjunto de inusual riqueza para las artes decorativas europeas.

∧ PÍXIDE CON EL NOMBRE DE AL-MUGHIRA

España, Córdoba, 968
Marfil esculpido;
17,6 x 11,3 cm

Esta caja de marfil de elefante perteneció a un joven príncipe, hijo del califa omeya de Córdoba, en España. La refinada decoración de este objeto de gran lujo está dominada por el simbolismo de los omeyas. La caza es el tema omnipresente, pero también se distingue a un grupo de tres personajes, una toca el laúd, otro sostiene un frasco y el tercero un *flabellum*.

< TAPIZ *LLAMADO* «DE MANTES»

Noroeste de Irán, finales del siglo XVI
Lana, nudo asimétrico;
783 x 379 cm

Los talleres imperiales safávidas del siglo XVI produjeron tapices que se cuentan entre los más hermosos «de medallones». Su composición se organiza alrededor de un gran medallón central en forma de estrella y de cada lado de una mediana, según un mecanismo de espejos. Los fondos, rojos o azules, hacen resaltar las tinturas claras de las escenas donde abundan los animales y motivos florales.

^ INCENSARIO EN FORMA DE LEÓN
JURASÁN, SIGLOS XI-XII
BRONCE CALADO Y GRABADO, CON INCRUSTACIONES
DE VIDRIO;
28,2 X 32 CM

La tradición antigua del trabajo en metal
continúa en el Irán selyúcida, en particular en
Jurasán, donde la inventiva formal de los
talleres es muy característica. Las formas
zoomorfas, de pájaro o de felinos, aplicadas
tanto a la cerámica como a los metales, se
emplean para objetos utilitarios como este
incensario o perfumador de cabeza móvil.

v AGUAMANIL EN FORMA DE PAVORREAL
ESPAÑA, 972
BRONCE COLADO; ALTURA: 95 CM

Testimonio de la vitalidad del arte del periodo
del califato omeya en España, este gran pavorreal
de bronce está grabado con inscripciones que
siguen siendo misteriosas. Designan al rey Salomón
(Suleyman) que, en la tradición islámica, es aquel
que conoce el lenguaje de los pájaros y controla
las tormentas.

^ BOTELLA CON ESCUDOS DE TUQUZTIMUR
SIRIA O EGIPTO, MEDIADOS SEL SIGLO XIV
VIDRIO SOPLADO, ESMALTADO Y DORADO; ALTURA: 50,5 CM

El arte mameluco, arte de corte de los sultanes y de sus
emires, quedó perfectamente ilustrado en la producción de
refinados objetos de vidrio adornados con caligrafía cursiva
de astas muy altas sobre un fondo estilizado, a menudo de
inspiración floral. Esta gran botella lleva el escudo de armas
de un emir, copero del sultán Nasir al-Din Muhammad y
futuro virrey de Damasco.

˅ PANEL DE LOS CAZADORES

EGIPTO, SIGLOS XI-XII
MARFIL, CON RESTOS DE PINTURA;
5,6 × 10,2 CM

Esta pequeña placa esculpida, calada y grabada en marfil ilustra con dinamismo y precisión, sobre un fondo de pámpanos que forma una rejilla, la caza a pie (en el centro), y a caballo, con un halcón o con un leopardo. Estos placeres, propios de los príncipes orientales, fueron transmitidos a Occidente durante la conquista de España por el Islam en el siglo VIII.

MUHAMMAD IBN ZAYN
˄ BARREÑO *LLAMADO* BAPTISTERIO DE SAN LUIS

SIRIA O EGIPTO, FINALES DEL SIGLO XIII-COMIENZOS DEL SIGLO XIV
LATÓN REPUJADO, CON INCRUSTACIONES DE PLATA, ORO Y PASTA
NEGRA; 23,2 × 50,5 CM

Este ancho barrreño con abundantes adornos naturalistas, tanto por dentro como por fuera, está hecho en una hoja única de latón, incrustada de placas de oro y de plata. Obra maestra de la hojalatería mameluca, constituía uno de los tesoros de la Corona de Francia. Se creía que San Luis la había traído al volver de una cruzada. Sirvió para el bautizo de los hijos de los reyes.

MUHAMMAD QASIM-I TABRIZI

< **EL SHAH ABBAS I Y SU PAJE**

IRÁN, 12 DE MARZO DE 1627
TINTAS DE COLOR Y ORO SOBRE PAPEL;
PÁGINA: 27,5 X 16,8 CM;
MINIATURA: 25,5 X 15 CM

Único retrato conocido del quinto
emperador de la dinastía safávida de Irán,
quien hizo de Ispahán su capital, esta
miniatura lo representa en un jardín, en
compañía de su paje que le tiende una
copa de vino. Un texto lo acompaña:
«Que la vida le conceda todo lo que usted
desea de los tres labios, los de vuestro
amante, los del río y los de la copa...»

^ **PUÑAL CON CABEZA DE CABALLO**

INDIA, SIGLO XVII
HOJA: ACERO, INCRUSTADO EN ORO;
EMPUÑADURA: JADE CON PIEDRAS PRECIOSAS;
LONGITUD: 50,5 CM

En 1526 se funda el imperio mongol, que
va a producir una nueva y notable síntesis
de las tradiciones iraní (timúrida y safávida)
e hindú. La finura de la escultura, el
sentimiento vital y el refinamiento de
los materiales hacen de este puñal una
obra esculpida de gran calidad, la misma
que encontramos en todas las armas
de esta época.

∧ PLATO DEL CABALLERO HALCONERO

IRÁN, KASHAN, COMIENZOS DEL SIGLO XIII; CERÁMICA DE SÍLICE, DECORADA A FUEGO LENTO CON DORADOS,
REALZADO DE LUSTRE METÁLICO, VIDRIADO OPACO; DIÁMETRO: 22 CM

La cerámica del Irán selyúcida se caracteriza por la delicadeza de su técnica, una decoración a fuego
lento que le confiere una policromía dorada y una precisión de miniatura. También da testimonio de
su proximidad con el Extremo Oriente, cuyo canon de belleza inspira aquí la representación de un
joven príncipe que cabalga llevando su halcón en el brazo.

> SUDARIO DE SAN JUDOC

IRÁN, KHURASAN, MEDIADOS DEL SIGLO X
JAMETE DE SEDA;
52 X 94 CM

Esta pieza de seda, traída durante la primera cruzada
de 1099, resulta excepcional desde el punto de vista
histórico pues evoca la memoria de un emir, gobernador
turco de Jurasán, en un texto cúfico, la primera
escritura árabe. Inspirado todavía por el arte del Irán
sasánida, este sudario contiene figuras tanto de
elefantes, símbolos de la realeza, como de camellos
de Bactriana o dragones.

OBJETOS DE ARTE

GRAN SALÓN DE LOS APARTAMENTOS «NAPOLEÓN III»

Los apartamentos de gala del Ministerio de Estado del Segundo Imperio fueron decorados de 1856 a 1861 por Hector Lefuel en un estilo suntuoso y ecléctico, inspirado tanto por el siglo XVII como por el XVIII. La decoración del Gran Salón, que puede transformarse en teatro, está consagrada a la historia de las etapas de la construcción del Louvre y de las Tullerías. Ocupado hasta 1989 por el Ministerio de Finanzas, este testimonio único de la fastuosidad imperial, el más bello conjunto decorativo de la época del Segundo Imperio que se conserva, está hoy abierto al público.

< GALERÍA DE APOLO

Fue después de un incendio ocurrido en 1661 que el arquitecto Le Vau reconstruyó la parte superior de la Pequeña Galería y creó la Galería de Apolo. La decoración, pintada y esculpida, se le confió al pintor de cámara del rey, Charles Le Brun, con el tema del sol para alabar la gloria de Luis XIV. Restaurada por primera vez en 1849 por Félix Duban, recibió en 1851 una composición de Eugène Delacroix, *Apolo vencedor de la serpiente Pitón*. Recuperó toda su fastuosidad después de una restauración acabada en el 2004, y actualmente está dedicada a presentar los tesoros de la corona: coronas y diademas, vasijas y joyas, entre las cuales figura el célebre «Regente», un diamante de 140 quilates.

Este importantísimo departamento del museo cubre un amplio horizonte cronológico, desde el fin del imperio romano hasta el siglo XIX. Ilustra la diversidad de las técnicas utilizadas para la producción de objetos suntuarios. Constituida con la Revolución francesa a partir de las *regalia*, instrumentos de la coronación del rey de Francia, del tesoro de la Abadía real de Saint Denis y de las colecciones reales de bronces y de vasos de piedras duras, la colección se amplió considerablemente durante el siglo XIX. La adquisición de colecciones particulares permitió reunir magníficos conjuntos: orfebrería, marfiles de la Edad Media, mobiliario y tapicerías, cerámicas, cristalería y bronces del Renacimiento. En 1870 y 1901, el Mobiliario nacional enriqueció los fondos con los muebles, tapicerías y bronces de los siglos XVII y XVIII que se encontraban en las antiguas mansiones reales e imperiales. La extensión de las colecciones a los objetos de arte del siglo XIX y la integración en el circuito de las salas de los suntuosos departamentos de estilo Napoleón III permitieron seguir toda la evolución ocurrida desde el Renacimiento hasta el eclecticismo del Segundo Imperio. Desplegadas ahora en la sala Richelieu, mucho tiempo ocupada por el Ministerio de Finanzas, las colecciones de objetos de arte ofrecen un panorama increíble del refinamiento del *art de vivre* de Europa, así como del virtuosismo de los artistas y artesanos, tanto en las obras sagradas como en los objetos más lujosos de la vida cotidiana. Relicarios preciosos, tesoros litúrgicos bizantinos y carolingios, romanos o góticos dan una visión muy completa de una Edad Media floreciente. La maestría en las artes de la cerámica y del bronce por los artistas del Renacimiento, en Italia, da testimonio de una cultura humanista que se extiende por toda Europa. El arte de la tapicería, que surge en Flandes, recuerda la decoración de la grandes mansiones. A partir de los siglos XVII y XVIII, el mobiliario y los objetos de prestigio imaginados por los ebanistas y los orfebres, así como las producciones de las manufacturas reales de porcelana y de tapicerías, presentadas de manera muy viva, invitan a un verdadero viaje hacia el pasado. Las obras maestras de la marquetería de Boulle, el mobiliario de los grandes ebanistas del Siglo de las Luces, la habitación y el salón de Juliette Récamier y las suntuosas creaciones encargadas por Napoleón I a Percier, Biennais o Jacob, son los momentos memorables de esta historia del mobiliario en Francia, asociados a las artes decorativas. La Galería de Apolo completa este recorrido.

< EL EMPERADOR TRIUNFANTE, *LLAMADO* MARFIL BARBERINI

CONSTANTINOPLA
PRIMERA MITAD DEL SIGLO VI
HOJA DE UN DÍPTICO, MARFIL, RESTOS DE INCRUSTACIONES;
34,2 X 26,8 CM

Constituido con cinco placas de marfil ensambladas, este relieve es un raro vestigio del arte imperial bizantino del siglo VI. En el centro aparece, en altorrelieve, la figura de un emperador victorioso, quizás Justiniano (527-565) y, sobre él, la figura de Cristo. El clasicismo de la escultura grecorromana antigua se prolonga en el primer arte cristiano del Oriente.

↵ CETRO DE CARLOS V

PARÍS, 1364 (?) Y 1379-1380
ORO CON RESTOS DE ESMALTE, PLATA, PERLAS,
PEDRERÍAS Y ABALORIOS;
60 X 24,2 CM

En previsión del ascenso de su hijo Carlos VI al trono, el rey Carlos V mandó a hacer, en los talleres reales, este cetro destinado a unirse a las *regalia*, instrumentos de las coronaciones conservados por la Abadía de Saint-Denis. La estatuilla representa a Carlomagno, para recordar la ascendencia carolingia de la dinastía y su legitimidad.

> ESTATUILLA ECUESTRE DE CARLOMAGNO O DE CARLOS EL CALVO

CABALLO: BAJO IMPERIO O SIGLO IX,
RESTAURADO EN EL SIGLO XVIII; JINETE: SIGLO IX
BRONCE CON RESTOS DE DORADO; ALTURA: 25 CM

Aunque el caballo es probablemente un bronce antiguo reutilizado, el caballero es una creación del siglo IX que representa al emperador Carlomagno o a su nieto Carlos el Calvo, cuyas descripciones contemporáneas refuerzan la semejanza: cara redonda, bigote, ojos abultados. Este único vestigio del arte en bronce carolingio proviene del tesoro de la catedral de Metz.

< PATENA DE SERPENTINA

PIEDRA: SIGLO I AC O DC.
MONTURA: SEGUNDA MITAD DEL SIGLO IX
ORO, PERLAS, PIEDRAS PRECIOSAS, VIDRIOS COLOREADOS; DIÁMETRO: 17 CM

Precioso vestigio del tesoro de la Abadía real de Saint-Denis, esta copa antigua de serpentina con peces de oro incrustados fue completada en el siglo X con una montura de oro adornada de pedrerías, perlas y vidrio de color, característica de la orfebrería carolingia. Formaba un conjunto con un cáliz de ágata que ofreció el rey Carlos el Calvo.

↵ VASO DE PORFIRIO, *LLAMADO* ÁGUILA DE SUGER

VASO: EGIPTO O ROMA IMPERIAL
MONTURA: SAINT-DENIS, ANTES DE 1147
PORFIRIO ROJO, PLATA DORADA E INCRUSTADA;
43,1 X 27 CM

Regente del reino durante la segunda cruzada de Luis VII (1147-1149), Suger, el abad de Saint-Denis, permitió la eclosión de la arquitectura gótica en Ile-de-France. Enriqueció considerablemente el tesoro de la abadía real, en particular con este vaso antiguo transformado en aguamanil con forma de águila.

^ ESPADA DE LA CONSAGRACIÓN DE LOS REYES DE FRANCIA, *LLAMADA* ESPADA DE CARLOMAGNO

SAINT-DENIS, SIGLOS X-XII
GAVILANES, ESPIGA Y EMPUÑADURA: SIGLO XIX;
ORO, PEDRERÍA, VIDRIO, LAPISLÁZULI, PERLAS, ACERO;
100 X 22 CM

Entre los instrumentos de la consagración, la espada y las espuelas eran las insignias de la caballería real. Ésta estaba considerada desde el siglo XIII como la espada del emperador Carlomagno, llamada la «Joyeuse» (la Alegre) y celebrada en los cantares de gesta durante la Edad Media. Sirvió por última vez en la coronación del rey Carlos X en 1824.

^ VIRGEN CON EL NIÑO DE LA SAINTE-CHAPELLE

PARÍS, TERCER CUARTO DEL SIGLO XIII (ANTES DE 1279)
MARFIL, RESTOS DE POLICROMÍA Y DE CHAPA DE ORO; ALTURA: 41 CM

El carácter monumental de esta *Virgen con el Niño* de marfil
le confiere el estatuto de obra maestra del arte gótico
parisino, síntesis del refinamiento y de la armonía. El cuerpo
ágil, ligeramente inclinado hacia el lado, el rostro fino
y sonriente, el drapeado abundante, son las características
de este modelo muy admirado y muy imitado.

> CIBORIO DE ALPAIS

LIMOGES, HACIA 1200
COBRE DORADO Y GRABADO, ESMALTE TALLADO
EN HUECO, APLIQUES DE VIDRIO FUNDIDO;
30 X 16,8 CM

Vasija litúrgica que contenía las
hostias consagradas, este ciborio es
la obra maestra del trabajo en esmalte
que se hacía en Limoges, y uno de los
pocos en los que aparece la firma del
autor. El complejo decorado combina
sobre un fondo de esmalte azul el dibujo
geométrico y las figuras de ángeles y
santos con un bestiario fantástico que
ilustra la gran riqueza del arte romano.

∨ VIRGEN CON EL NIÑO DE JUANA DE EVREUX

PARÍS, ENTRE 1324 Y 1339
PLATA DORADA, ESMALTES TRASLÚCIDOS SOBRE BAJORRELIEVE,
ORO, CRISTAL DE ROCA, PEDRERÍA Y PERLAS; ALTURA: 69 CM

Este relicario, notable por la riqueza de la orfebrería y de
los esmaltes, fue ofrecido por la viuda de Carlos IV el Bello
a la abadía de Saint-Denis: la flor de lis de oro y cristal
contiene reliquias de la virgen. Perteneciente al tipo de
vírgenes de ternura (*mater amabilis*), de inspiración bizantina,
esta estatuilla dibuja una línea sinuosa, equilibrada por
un ligero movimiento de cadera.

> LA TRANSFIGURACIÓN DE CRISTO

CONSTANTINOPLA, HACIA 1200 O COMIENZOS DEL 1300
ICONO PORTÁTIL; COBRE DORADO, MÁRMOL, LAPISLÁZULI,
VIDRIO, CERA, ALMÁCIGA (RESTAURACIÓN) SOBRE SOPORTE DE PIZARRA,
BAGUETA DE COBRE; 52 X 35 CM

Este icono portátil es característico de la producción de los
talleres de Constantinopla en el siglo XII. Obras de devoción
personal, los íconos ilustran la vida de Cristo y de los santos.
Éste muestra la Transfiguración, aparición milagrosa de Cristo
rodeado de los profetas Elías y Moisés, sobre el monte Tábor, a los
apóstoles Pedro, Juan y Santiago que aún parecen llenos de estupor.

^ LA OFRENDA DEL CORAZÓN

PARÍS, HACIA 1400-1410
TAPICERÍA, LANA Y SEDA; 247 X 209 CM

Esta colgadura salió probablemente ce un taller de la ciudad de Arras que produjo numerosas piezas inspiradas de la literatura cortés, profana, que florecía en la época gótica, y en particular *Le Roman de la Rose*. El «don del corazón» representaba la primera etapa del recorrido amoroso en el que se comprometían los amantes, que aquí aparecen rodeados de animales familiares con paisaje de fondo.

PIERRE REYMOND (HACIA 1513-DESPUÉS DE 1584)

∧ PLATO REDONDO CON OMBLIGO:
JETRO EN EL CAMPO DE MOISÉS

LIMOGES, 1569
ESMALTES PINTADOS SOBRE COBRE; DIÁMETRO: 46,5 CM

Esta escena bíblica ilustra la presentación de Séfora por su padre, Jetro, a Moisés, con el que ésta se casará más tarde. Este tipo de plato, producido con gran éxito por los talleres de esmaltadores de Limoges inspirados por el manierismo, era muy apreciado por sus adornos grises —un camafeo de gris con realces de oro—. Los temas podían ser sagrados pero también profanos, como los meses o las estaciones.

LÉONARD LIMOSIN (HACIA 1505-HACIA 1575)

∧ RETRATO DEL CONDESTABLE
DE MONTMORENCY

LIMOGES, 1556
ESMALTES PINTADOS SOBRE COBRE, MONTURA EN MADERA DORADA;
72 X 54 CM

Anne de Montmorency (1493-1567) era el amigo y el consejero del rey Enrique II, y uno de los grandes mecenas de la Corte de Francia. El realismo atemperado del retrato y la sobriedad del vestido contrastan con el marco en que las figuras —amor rubicundo, sátiro y sátira, niños y cabeza de Gorgona— expresan toda la fantasía manierista de la Escuela de Fontainebleau transpuesta en esmaltes de Limoges.

NICOLA DA URBINO (CONOCIDO ENTRE 1529 Y 1538)

∧ PLATO DEL SERVICIO DE ISABELLA DE ESTE:
ABIMELEC ESPIANDO A ISAAC Y A REBECA

URBINO, HACIA 1525
LOZA; DIÁMETRO: 33 CM

Urbino es uno de los principales centros de producción de lozas decoradas con escenas históricas en el siglo XVI, y este plato, realizado a partir de un dibujo de Rafael (1483-1520) para las Logias del Vaticano, ilustra su calidad. Pertenecía a un servicio encargado por Isabella de Este, marquesa de Mantua, famosa mecenas del Renacimiento. El tema está tomado del Génesis.

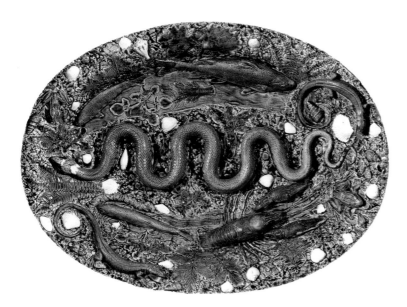

BERNARD PALISSY (HACIA 1510-1590)

< LEBRILLO DECORADO
CON «FIGULINAS RÚSTICAS»

PARÍS, HACIA 1560
CERÁMICA VIDRIADA; 52,5 X 40 CM

Bernard Palissy se convirtió en una figura legendaria del manierismo francés; arquitecto, químico, escritor, ceramista, es el inventor de las «figulinas rústicas», realizadas a partir de moldes improvisados que él aplicó a fuentes como ésta pero también a cuevas como la que adornaba el jardín de las Tullerías de Catalina de Médicis.

ANTONIO PUCCIO, LLAMADO PISANELLO (HACIA 1395?-1455)
∧ LEONELLO DE ESTE, MARQUÉS DE FERRARA
PISA, HACIA 1450
MEDALLA, BRONCE; DIÁMETRO: 9,8 CM

Marqués de Ferrara de 1441 a 1450, Leonello de Este es uno de los grandes mecenas del Renacimiento en Italia, donde el arte del retrato de perfil, usado en las monedas antiguas, fue adaptado a las medallas que celebraban a los príncipes del humanismo. Pisanello, que era sobre todo pintor, le dio a la familia de Este retratos compuestos de la misma manera, y con el mismo refinamiento.

BARTHÉLEMY PRIEUR (1536-1611)
∨ ENRIQUE IV COMO JÚPITER
PARÍS, 1600-1610
BRONCE CON PÁTINA OSCURA; ALTURA: 63,5 CM

A pesar de su modesto tamaño, esta estatuilla tiene un carácter monumental que magnifica la figura real, aquí bajo la apariencia de un Júpiter Olímpico, pareja de otro que representaba a la reina María de Médicis como Juno. El desnudo divinizado con el pretexto del modelo mitológico no excluye en forma alguna los retratos caracterizados de los soberanos.

ATRIBUIDO À ANDREA BRIOSCO, LLAMADO RICCIO (1470-1532)
< ORFEO
PADUA, HACIA 1510
BRONCE CON PÁTINA OSCURA;
25 × 11 CM

El refinado arte en bronce del Renacimiento toma sus temas de las fábulas y la mito.ogía de la Antigüedad. Este músico que canta acompañándose con la lira podría representar a Orfeo, el famoso héroe de las *Metamorfosis* de Ovidio, pero también al poeta griego Arión, al que salvaron los delfines cuando estaba a punto de ahogarse, según cuenta Heródoto.

JEAN BOULOGNE (1529-1608)
> NESO Y DEYANIRA
FLORENCIA, HACIA 1580
BRONCE CON PÁTINA ROJO OSCURO; 42,1 × 30,5 CM

Artista originario de Douai, Jean Boulogne hizo toda su carrera en Florencia, donde se convirtió en Giambologna. Escultor vinculado a la casa de Médicis. Sus bronces eran muy buscados; éste, ofrecido por André Le Nôtre a Luis XIV en 1693, evoca el secuestro de la mujer de Hércules.

< AGUAMANIL

PIEDRA: SIGLO I AC. O DC.,
MONTURA: PARÍS, HACIA 1630
SARDONYX, ORO ESMALTADO
27 X 16 CM

Una de las joyas de la colección de los vasos de piedra dura
de Luis XIV. Este aguamanil tallado en una piedra antigua recibió
en el siglo XVII una montura realizada por Pierre Delabarre, uno de
los orfebres-joyeros albergados en el Louvre. El asa en forma de
dragón y la tapa adornada con una cabeza de Minerva ilustran el
refinamiento de este arte de corte.

OTTAVIO MISERONI (MUERTO EN 1624)

> COPA DEL EMPERADOR RODOLFO II

PRAGA, 1608
JASPE SANGUÍNEO, PLATA DORADA; 19 X 58 CM

Excepcional por su tamaño, esta copa fue realizada en Praga por un
artista milanés para el emperador Rodolfo II (1552-1612) antes de unirse
a la colección de vasijas de piedra dura de Luis XIV. Ilustra el gusto barroco por los objetos curiosos y por las formas contorneadas, de las que el
grabador sacó partido aquí para tallar máscaras barbadas sobre la curva.

< NAVE

PIEDRA: ITALIA, SIGLO XVI
MONTURA: PARIS, MEDIADOS DEL SIGLO XVII
LAPISLÁZULI, PLATA DORADA Y ORO ESMALTADO;
41,5 X 33 CM

A todos los príncipes europeos les gustaba
rodearse de objetos preciosos, Luis XIV no
escapó a la regla y reunió un verdadero «tesoro
de la Corona» del que formaba parte esta copa
de lapislázuli. La montura es un ejercicio de virtuosidad de cincelado y esmaltado, y combina
una decoración floral con figuras mitológicas:
Neptuno, esfinges egipcias, una cabeza de sátiro,
unas fauces de tiburón y mascarones.

FRANÇOIS-DÉSIRÉ FROMENT-MEURICE (1802-1855)

> COPA DE VENDIMIAS

PARÍS, HACIA 1844
PLATA PARCIALMENTE DORADA Y ESMALTADA, ÁGATA, PERLAS;
35 X 27 CM

Esta copa extraordinaria, que recuerda los vasos renacentistas de
piedra dura que coleccionaban los reyes de Francia, tiene por tema
la ebriedad. La montura está formada de pámpanos y grapas de perlas,
mientras que el pie en forma de cepa de vid está rodeado con las
figuras de Noé, símbolo de la ebriedad báquica, Lot para representar
la ebriedad amorosa y Anacreonte para la ebriedad poética.

ALEXANDRE-GABRIEL LEMONNIER (1808-1884)

^ CORONA DE LA EMPERATRIZ EUGENIA

PARÍS, 1855
ORO, 2490 DIAMANTES Y 56 ESMERALDAS;
13 X 15 CM

Inspirada en el estilo del Primer imperio, esta corona
formada de águilas y palmas, cubierta por un globo y una
cruz, exclusivamente de diamantes y esmeraldas, es obra
del joyero oficial de Napoleón III. Escapó a la venta de
diamantes de la Corona que fueron dispersados en 1887
por la Tercera República.

AUGUSTIN DUFLOS, SEGÚN CLAUDE RONDÉ

^ CORONA USADA EN LA CORONACIÓN
   DE LUIS XV

PARÍS, 1722
PLATA PARCIALMENTE DORADA, COPIA IDÉNTICA DE LAS
PIEDRAS PRECIOSAS ORIGINALES, SATÉN BORDADO;
24 X 22 CM

Reservadas para su coronación, las coronas persona-
les de los reyes eran conservadas con las otras
regalia en la abadía real de Saint-Denis, cerca de
París. La de Luis XV estaba originalmente engastada
con 282 diamantes, entre los cuales el «Regente»
de 140 quilates, más 230 perlas y 64 piedras preciosas
de color, rubíes, esmeraldas, zafiros y topacios.

FRANÇOIS REGNAULT NITOT (1779-1853)

> COLLAR Y PAR DE ARETES
   DE LA EMPERATRIZ MARÍA LUISA

PARÍS, 1810
ORO, DIAMANTES, ESMERALDAS

El segundo matrimonio del emperador Napoleón I,
que se había divorciado de Josefina de Beauharnais,
dio pie a la fabricación de suntuosos complementos
destinados a María Luisa, archiduquesa de Austria,
hija del emperador Francisco I. El más hermoso
constaba de un collar, una diadema, un peine
y unos aretes en los que se alternaban las palmas
de diamantes y unas esmeraldas espléndidas.

JACQUES ROETTIERS

> ADORNO DE MESA

PARÍS, 1736
PLATA FUNDIDA Y CINCELADA;
52 X 95 CM

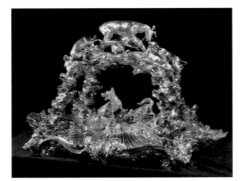

JACOB FRÈRES

> CAMA DE JULIETTE RÉCAMIER

PARÍS, HACIA 1798
CAOBA, BRONCE DORADO;
100 X 133 CM

De una inspiración que habría de convertirse en la del Imperio, esta cama a la antigua, decorada con cisnes, palmas y estatuillas femeninas, es el reflejo del *art de vivre* durante el periodo del Directorio. El banquero Jacques-Rose Récamier y su mujer encargaron la decoración de su casa al arquitecto Luis-Martin Berthault; ahí recibían a todo el París literario y, en particular, a Chateaubriand.

Obra maestra de la orfebrería de rocalla, un estilo refinado de principios del siglo XVIII que será severamente condenado por el neoclasicismo, este adorno de mesa en plata estaba destinado a adornar la mesa de gala del duque de Borbón. De dimensiones excepcionales, pone en escena una cacería en el momento en que los perros atrapan a un ciervo acorralado. Las cabezas de jabalí y algunas nueces adornan los lados.

⌄ GABINETE

PARÍS, HACIA 1645
CHAPA DE ÉBANO SOBRE ARMAZÓN DE ROBLE Y ÁLAMO,
BASE DE MADERA FRUTAL ENNEGRECIDA;
185 X 158 CM

Los «ebanistas» parisinos toman su nombre de la preciosa madera de ébano con la que hacían gabinetes, muebles de lujo inspirados en modelos flamencos del Renacimiento. Los más notables presentan una decoración esculpida de un gran refinamiento, mezclando motivos arquitectónicos, temas religiosos, mitológicos o literarios, que alterna aquí con finas columnas de marfil.

ANDRÉ-CHARLES BOULLE (1642-1732)

∧ ARMARIO

PARÍS, HACIA 1700
CONSTRUIDO EN ROBLE, CHAPADO DE ÉBANO
Y CONCHA, MARQUETERÍA DE LATÓN, ESTAÑO, HUESO
Y MADERA DE COLOR, BRONCE DORADO;
265 X 135 CM

En su taller del Louvre, Boulle llevó el arte de la marquetería y del chapado a su más alto nivel de sofisticación elaborando un mobiliario de un lujo inaudito. Jugando hábilmente con los contrastes de los materiales incrustados, concha sobre latón o al revés, combinando con audacia los materiales más diversos, le dio a las formas originales de sus muebles una dimensión arquitectónica.

ESCULTURAS

**ANTOINE-LOUIS BARYE
(1795-1875)**

LEÓN CON SERPIENTE

Francia, 1832-1835
Bronce;
135 x 178 cm

El rey de los animales sometiendo a sus enemigos es el tema más noble de la escultura de animales en que Barye es el maestro incontestable de la época romántica, tanto por el realismo como por la expresividad. Esta ilustración dramática y voluntariamente aterradora de las fuerzas de la naturaleza es también un homenaje al rey Luis-Felipe, entronizado por la revolución de 1830.

Cuando fue creado el Museo del Louvre, en 1793, la única obra que representaba la «escultura moderna» era los *Esclavos* de Miguel Ángel, pero la colección se amplió considerablemente, hasta tal punto que en 1824 fue necesario abrir una galería para presentar un amplio panorama desde el Renacimiento hasta los escultores contemporáneos. Esta colección era el fruto de una recopilación de obras que provenían tanto de los palacios y los jardines de la Corona, de la antigua Academia Real de Pintura y Escultura como del primer Museo de los Monumentos franceses, creado durante

**MICHELANGELO BUONARROTI,
LLAMADO MIGUEL ÁNGEL (1475-1564)**

< **LOS ESCLAVOS**

Italia, 1513-1515
Dos estatuas, mármol;
Altura: 209 y 228 cm (detalle)

Diseñados para el monumento funerario del papa Julio II y finalmente excluidos de la composición final, estas dos figuras monumentales permanecieron inconclusas. Su significado no está claro, pero podría tratarse de una representación de las pasiones esclavizadas o del alma encadenada por el cuerpo. El contraste entre las partes acabadas y aquellas aún marcadas por las herramientas del escultor, ilustra el combate del arte contra la materia.

la Revolución. A lo largo del siglo XIX, el museo adquirió una serie de esculturas que hoy permiten seguir la evolución de los conceptos artísticos neoclásicos y románticos. No fue sino más adelante que se preocupó por colmar las lagunas de la colección, en particular en el campo de la escultura medieval y de las escuelas extranjeras. El Departamento de Escultura cobró autonomía en 1892, al separarse de la sección de Objetos de arte. Las donaciones y las adquisiciones conforman hoy en día un conjunto espectacular, expuesto en el ala Richelieu, para las obras francesas, y en el ala Denon, para las extranjeras. Las primeras se presentan según un recorrido cronológico alrededor de dos grandes patios cubiertos, vitrinas a la medida de las obras de intemperie de los siglos XVII, XVIII y XIX. Como ocurre con las escuelas de pintura, expuestas por separado en las salas del museo, la confrontación de diversas corrientes de la escultura europea pone en evidencia los intercambios, las influencias y la difusión de los valores artísticos comunes a la escala del continente. El arte romano, ignorado durante mucho tiempo, dio a la escultura obras que son testimonio de

una verdadera renovación. Se vincula con la tradición antigua y define cánones originales unidos al carácter religioso de los temas representados. Esto sucede, en particular, con la decoración arquitectónica, los capiteles de piedra o grandes descendimientos de la cruz, esculpidos en madera, tanto franceses como italianos. El periodo gótico ve la aparición en Île-de-France de una arquitectura nueva, la de las catedrales, que rivalizan entre sí en materia de audacia para captar la luz, y de una escultura refinada, al servicio de los reyes pero también de la Iglesia. El estilo gótico se afirmará en los siglos XIII y XIV y se perpetuará en el siglo XV en Francia, en los países germánicos, pero también en Holanda, mientras que muy pronto Italia buscará sus raíces en la Antigüedad. El Renacimiento, por su parte, desatará, tanto en el campo de la escultura como en de la cultura clásica en general, una revolución que establece nuevos principios. Muchos artistas como Miguel Ángel, el orfebre Cellini o el arquitecto Bernini son también escultores y a ellos debemos la difusión en toda Europa de un arte que otorga al ser humano una dimensión universal y a los mitos antiguos las más bellas representaciones. El manierismo italiano, primero, y luego el clasicismo francés marcarán la producción de los talleres europeos de los siglos XVII y XVIII. Entre las obras más espectaculares, se encuentran las estatuas de caballos destinadas al castillo de Marly, morada preferida de Luis XIV. En la segunda mitad del siglo XVIII, el neoclasicismo domina la colección de las piezas de recepción en la academia real, las obras de Pigalle, Houdon, Clodion en Francia se refiere, pero también de Canova en Italia. Durante la primera parte del siglo XIX, tuvieron lugar las primeras entregas en materia de formalismo clásico, con obras románticas que expresan la violencia de los sentimientos y de las emociones, y aquellas de inspiración naturalista.

EL CRISTO DESCLAVADO DE LA CRUZ

BORGOÑA, SEGUNDO CUARTO DEL SIGLO XII
ESTATUA, MADERA DE ARCE CON RASTROS DE DORADO
Y POLICROMÍA; 155 X 168 X 30 CM

Característico del arte románico en Borgoña, y cercano a las esculturas del tímpano de Vézelay y del pórtico de Autun, este Cristo en madera debió participar en la escena del Descendimiento de la Cruz, rodeado de personajes. En su origen brillantemente coloreado y dorado, lo cual debía reforzar su poder sugestivo, no ha perdido nada de la gracia que expresa ese cuerpo lánguido que un refinado drapeado acaba de perfeccionar.

^ CABEZA DE ARIADNA

CONSTANTINOPLA O ROMA (?)
COMIENZOS DEL SIGLO VI
MÁRMOL; 25,7 X 22,8 CM

El arte bizantino perpetúa la tradición del arte retratístico imperial romano. El rostro redondo, tocado con un pesado adorno de perlas, podría ser el de la emperatriz Ariadna (474-515). Sin embargo, los rasgos estilizados y los ojos casi salidos de sus órbitas no parecen buscar el parecido, como en el caso anterior.

^ EL REY CHILDEBERTO

ÎLE-DE-FRANCE, HACIA 1239-1244
ESTATUA, PIEDRA CON RASTROS DE POLICROMÍA;
191 X 53 CM

Esta efigie del rey merovingio muerto en 558 acogía a los monjes a la entrada del refectorio de la abadía de Saint-Germain-des-Prés, en París, fundada por Clodoveo, su padre. Además de marcar el apogeo de la escultura monumental gótica, la obra es notable por la sofisticación de la pose ligeramente dislocada, por el naturalismo de los detalles y la gracia del rostro sonriente.

∧ Carlos V, rey de Francia, y Juana de Borbón
Île-de-France, tercer tercio del siglo XIV
Estatua, piedra; 195 x 71 x 50 cm

Estas efigies reales adornaban la entrada oriental del castillo del Louvre en
el que Carlos V, que reinó de 1364 a 1380, tenía su residencia. Son obras de
carácter político, destinadas a exaltar la dinastía, y se distinguen por la atención
dedicada a los rasgos del monarca, maliciosos, casi socarrones, pero con
expresión cansada y profundamente humana.

ATRIBUÍDO À ÉVRARD DE ORLÉANS
(CONOCIDO DE 1292 A 1357)

< ÁNGEL PORTANDO
DOS VINAJERAS

ÎLE-DE-FRANCE, HACIA 1340
MÁRMOL; 52,7 X 14 CM

Perteneciente a un retablo de altar, este
ángel, que sostiene las vinajeras de la
Eucaristía, símbolo de la sangre de Cristo
había sido encargado por la reina Juana
de Evreux para la abadía cisterciense de
Maubuisson. El escultor, que también era
pintor y arquitecto, cercano a la Corte,
ilustra el ideal de elegancia y gracia de
la escultura gótica.

TILMAN RIEMENSCHNEIDER
(HACIA 1460-1531)

> VIRGEN DE LA ANUNCIACIÓN

WURTZBOURG, HACIA 1495
ALABASTRO CON RESALTES
DE POLICROMÍA;
53 CM X 40 CM

Interrumpida en su lectura de la Biblia,
la Virgen, llena de serenidad y dignidad,
escucha cómo un ángel (hoy desaparecido)
le dice que de ella nacerá Cristo. Este fragmento del retablo
obedece al ideal de belleza femenina difundido por el taller
del escultor: dulzura y delicadeza en los rasgos, cabellera
ondulante, refinamiento del drapeado que originalmente
debió estar recubierto de colores brillantes.

ANÓNIMO

⌐ TUMBA DE PHILIPPE POT

BORGOÑA, ÚLTIMO CUARTO DEL SIGLO XV
GRUPO, PIEDRA PINTADA; 182 X 260 CM

Le monumento funerario de Philippe, señor de La Roche-Pot,
senescal del duque de Borgoña, luego chambelán del rey de
Francia, caballero de la Orden del Toisón de Oro, muerto en 1493,
es excepcional por su composición y su policromía ilusionista.
El yacente está rodeado de ocho «dolientes» que llevan sus bla-
sones nobiliarios. Fue encargado en vida por el poderoso corte-
sano para ser emplazado en el abadengo de Citeaux, en Borgoña.

GREGOR ERHART (HACIA 1470-1540)

> SANTA MARÍA MAGDALENA

AUGSBURGO, HACIA 1515-1520
ESTATUA, MADERA DE TILO POLICROMADA;
177 X 44 CM

Proveniente de un convento de Augsburgo, esta Magdalena
Penitente, vestida sólo con su cabellera, estaba originalmente
rodeada de ángeles. El sentimiento de éxtasis místico que se
desprende de esta figura, audaz por su desnudez y conmovedora
por su pudor, satisface muy bien la tradición espiritual gótica así
como las nuevas exigencias del ideal estético del Renacimiento.

DONATO DI NICOLO BARDI, LLAMADO DONATELLO (1386-1466)
< LA VIRGEN Y EL NIÑO

FLORENCIA, HACIA 1440
RELIEVE, TERRACOTA POLICROMADA;
102 X 74 CM

El rostro angustiado de la Virgen parece preveer la Pasión mientras que el Niño que se aleja de ella le confiere una dimensión patética a la escena. La composición monumental y geométrica ilustra las preocupaciones del Renacimiento en busca de la profundidad, desde el asiento en primer plano hasta la cortina del fondo. Todo realzado por la policromía en tonos dorados que contrasta con las encarnaciones.

MICHEL COLOMBE (HACIA 1430-APRÉS 1511)
∨ SAN JORGE COMBATIENDO AL DRAGÓN

TOURS, 1508-1509
RELIEVE, MÁRMOL;
RETABLO: 175 X 273 CM

Es al más célebre de los escultores de finales de gótico que Georges d'Amboise, cardenal arzobispo de Rouen y ministro de Luis XII, le encarga un retablo según el nuevo gusto llegado de Italia para la capilla de su castillo de Gaillon. Traducción volumétrica, a veces torpe, de un modelo dibujado, este relieve mezcla lo fantástico medieval con el equilibrio del primer Renacimiento.

JEAN GOUJON (CONOCIDO DESDE 1540 A 1565)

^ NINFA Y GENIO

PARÍS, HACIA 1549
RELIEVE, PIEDRA; 73 X 195 CM

Fragmento del decorado de la Fuente de los
Inocentes, realizado en ocasión de la entrada
solemne del rey Enrique II en París, esta ninfa
sensual ilustra la difusión del Renacimiento en
Francia. Éscultor del Rey para su palacio del
Louvre, Jean Goujon supo dar a sus bajorrelieves
a la antigua un aire flexible, fluído y refinado,
línea puesta de manifiesto por la ligereza de
las draperías.

BENVENUTO CELLINI (1500-1572)

v LA NINFA DE FONTAINEBLEAU

PARÍS, 1542-1543
ALTORRELIEVE, BRONCE;
205 X 409 CM

Concebido para coronar una entrada del castillo
de Fontainebleau de Francisco I, este gran relieve
encuentra finalmente su lugar en el castillo
d'Anet que Philibert Delorme construyó para
Diana de Poitiers, amante de Enrique II. Fue con
motivo de su estancia en Francia que el escultor
y orfebre florentino realizó este himno a la
feminidad cuya lisa suavidad contrasta con las
pieles de animales que la rodean.

> SAN FRANCISCO MUERTO

ESPAÑA, MEDIADOS DEL SIGLO XVII
NOGAL, OJOS DE VIDRIO, DIENTES DE HUESO,
CORDÓN DE CÁÑAMO; ALTURA: 87 CM

La leyenda cuenta que el papa Nicolás V
descubrió en 1449 el cuerpo intacto
del santo en su tumba en la cripta de la
basílica de Asís, con sus grandes ojos
abiertos, y con la llaga de uno de los
pies estigmatizados aún sangrando.
Popularizado en la España barroca,
el milagro se representa aquí con
realismo gracias a la policromía
y a las incrustaciones de vidrio para
les ojos y de hueso para los dientes.

PIERRE PUGET (1620-1694)

> MILÓN DE CROTONA

FRANCIA, 1670-1682
GRUPO, MÁRMOL; 270 X 140 CM

Héroe de su ciudad en los Juegos Olímpicos, Milón
quiso probar su fuerza contra un árbol pero su mano
quedó aprisionada y fue devorado por las bestias
salvajes. Este tema es el pretexto para una espectacular
evocación del orgullo vencido por el destino
y del sufrimiento más dramático. Obra maestra de
la escultura del Gran Siglo, este grupo escultórico
recibió un lugar de honor en el parque de Versalles.

GIAN LORENZO BERNINI, LLAMADO BERNINI
(1598-1680)

^ ÁNGEL LLEVANDO LA CORONA DE ESPINAS

ROMA, HACIA 1667
ESTATUILLA, TERRACOTA;
33 X 13 CM

Arquitecto mayor de la Roma barroca,
Bernini es también uno de sus escultores
más fecundos. Encargado de los fastos de
la Corte pontificia, proyectó decorar el
puente Sant'Angelo con colosales estatuas
de ángeles meditando sobre los instrumentos de la Pasión, de las que este esbozo
ofrece vivaz testimonio. La espiral
ondulante del drapeado conduce al rostro
apenas esbozado del ángel que se gira.

ADRIEN DE VRIES (1556-1626)

> MERCURIO Y PSIQUE

PRAGA, 1593
GRUPO, BRONCE;
215 X 92 CM

Mercurio, mensajero de los dioses,
levanta el vuelo y conduce a Psique
hacia el Olimpo donde ella debe unirse
a Amor. La ligereza de esta grupo en
bronce se acentúa por el efecto de
espiral de la composición y por la línea
fluída y alargada de los cuerpos,
herederos del manierismo italiano
difundido en toda Europa.
El artista es un holandés formado
en Florencia que trabajó para la
corte imperial en Praga.

ANTOINE COYSEVOX (1640-1720)

v LA FAMA MONTADA SOBRE PEGASO

FRANCIA, 1699-1702
GRUPO, MÁRMOL; 326 X 291 CM

Encargada por Luis XIV para el abrevadero de
su castillo de Marly, la *Fama* hacía juego con un
Mercurio, montado también sobre un caballo alado.
Integrados en el discurso oficial y simbólico del
Rey-Sol, la primera exalta al monarca victorioso
sobre sus enemigos simbolizados por los trofeos
depositados a sus pies, y el segundo protege las
artes y el comercio una vez restablecida la paz.

GUILLAUME COUSTOU (1677-1746)

^ DAFNE PERSEGUIDA POR APOLO

FRANCIA
MÁRMOL
132 X 135 X 106 CM

Destinadas a animar con su pose en
movimiento la composición clásica del parque
de Marly, estas estatuas de «corredores» se
reflejaban en los estanques. Guillaume
Coustou ya había realizado un Hipómenes
para que hiciera juego con una Atalanta
antigua, y fue con su hermano Nicolas que
creó este grupo que representa la persecución
de la ninfa de la que el dios había quedado
prendado.

GUILLAUME COUSTOU (1677-1746)

> CABALLO RETENIDO POR UN PALAFRENERO, *LLAMADO* CABALLO DE MARLY

FRANCIA, 1739-1745
GRUPO, MÁRMOL;
355 X 284 CM

Encargado por Luis XV para que reemplazara
los grupos de la *Fama* y el *Mercurio* de
su tío Coysevox, trasladados al jardín de
las Tullerías de París, Coustou abandona
la retórica política y ofrece con sus dos
Caballos de Marly un sobrecogedor homenaje
a la naturaleza salvaje y al vigor del hombre.
Los palafreneros expresan, en el Siglo
de las Luces, la conquista del mundo por la
inteligencia humana.

EDME BOUCHARDON (1698-1762)

> EL AMOR HACIENDO
UN ARCO CON LA MAZA
DE HÉRCULES

FRANCIA, 1747-1750
ESTATUA, MÁRMOL;
173 X 75 CM

Esta obra magistral del clasicismo
francés es una ambiciosa síntesis de
los cánones de la escultura antigua, los
modelos del manierismo italiano y la
observación objetiva de la naturaleza.
Fue justamente eso lo que se le
reprochó al artista, haber representado
con demasiado realismo y naturalidad
este amor adolescente cuyo cuerpo
forma una espiral elegante, listo para
disparar sus temibles flechas.

CLAUDE MICHEL LLAMADO CLODION (1738-1814)

∨ LEDA Y EL CISNE

FRANCIA, HACIA 1782
RELIEVE, PIEDRA; 103 X 323 CM

En *Las Metamorfosis* de Ovidio, Leda es
seducida por Júpiter que toma la forma de
un cisne; ello la convierte en un símbolo
de la sensualidad femenina. Es esto lo que
expresa el escultor en este relieve que
exalta la línea de los cuerpos, como ya
lo había hecho Jean Goujon en el
Renacimiento; la pieza estaba destinada al
decorado de un cuarto de baño concebido
por el arquitecto Brongniart.

AUGUSTIN PAJOU (1730-1809)

∧ PSIQUE ABANDONADA

FRANCIA, 1790
ESTATUA, MÁRMOL; 177 X 86 CM

Abandonada por Amor, a quien había
querido matar, Psique es una alegoría
de los sufrimientos del alma, sacada de
El Asno de Oro de Apuleyo, y destinada a
hacer juego con *El Amor* de Bouchardon.
Este desnudo tan carnal causó escándalo
cuando el modelo en yeso se expuso en
el Salón de 1785; si bien las lágrimas son
intemporales, la referencia al modelo vivo
se consideró prosaica, e incluso inmoral.

Jean-Baptiste Pigalle (1714-1785)

> **MERCURIO ATÁNDOSE LAS SANDALIAS**

FRANCIA, 1753
PLOMO; 187 x 108 CM

Mercurio, dios del comercio y mensajero de los dioses gracias a las alas de sus sandalias y su casco, fue el tema de la pieza de recepción de Pigalle, en 1744, en la Academia Real de Pintura y Escultura. Se han realizado numerosas versiones, como ésta, en plomo, que proviene del castillo de Crécy. El escultor se inspiró en el célebre *Torso de Belvedere* conservado en el Vaticano.

ANTOINE-DENIS CHAUDET (1763-1810)

> EL AMOR

FRANCIA, 1802-1817
ESTATUA, MÁRMOL; 77 X 44 CM

Bajo su encantadora apariencia, este malicioso Amor
adolescente presenta una rosa a una mariposa que sujeta
por las alas, símbolo de los tormentos que agitan al alma
seducida, y que podemos encontrar alrededor del zócalo,
contados como una fábula sobre las penas y los placeres del
amor. La sutileza y la gracia de las formas suavizan la imagen,
a veces austera, del neoclasicismo.

PIERRE JEAN DAVID LLAMADO DAVID D'ANGERS (1788-1856)

> FILOPÉMENES

FRANCIA, 1837
ESTATUA, MÁRMOL; 229 X 91 CM

À este tema antiguo sacado de las *Vidas paralelas*
de Plutarco, el aqueo herido que saca una jabalina de
su muslo, David d'Angers le da una dimensión universal
al exaltar la virtud, el coraje y la grandeza de alma del
héroe que vence al dolor. Este desnudo heroico,
esculpido a partir del modelo vivo, fue encargado
por el rey Luis-Felipe para las Tullerías.

JEAN-ANTOINE HOUDON (1741-1828)

< LOUISE BRONGNIART, A LA EDAD DE CINCO AÑOS

FRANCIA, 1777
BUSTO, TERRACOTA; 34 X 24 CM

El modelo de esta encantadora imagen de la infancia fue la hija
del arquitecto Alexandre-Théodore Brongniart (1739-1813), autor
de la Bolsa de París para Napoléon I. Según el gusto neoclásico de
finales del siglo XVIII, este busto a la antigua está animado por un
naturalismo y una presencia que reflejan el sentimiento romántico
asociado a la representación de las etapas de la vida.

FRANÇOIS RUDE (1784-1855)

∧ JOVEN PESCADOR NAPOLITANO
JUGANDO CON UNA TORTUGA

FRANCIA, 1831-1833
ESTATUA, MÁRMOL; 82 X 88 CM

Esta joven figura ilustra la síntesis entre la
tradición clásica de la escultura antigua, con
el desnudo heroico y la evocación mitológica,
y el sentimiento individual que anima al periodo
romántico. Con su amplia sonrisa, el pequeño
pescador expresa toda la libertad y la vivacidad
que el escultor le ha transmitido a esta visión
a la vez ideal y familiar.

ANTONIO CANOVA (1757-1822)

< PSIQUE REANIMADA POR EL BESO DEL AMOR

ROMA, 1793
GRUPO, MÁRMOL; 155 X 168 CM

Tema eterno, sacado de *El Asno de Oro* de Apuleyo: Psique dormida
para siempre por un hechizo, es devuelta a la vida por el Amor.
La alegoría está tratado con virtuosismo en una composición piramidal y dinámica de cuerpos abrazados. La luz juega con el mármol
y exalta la delicadeza de esta obra maestra del arte neoclásico.

PINTURAS

La colección de pintura es una de las joyas del Museo del Louvre, y se encuentra en el origen de éste. Fue bajo el reinado de Luis XVI que al conde de Angiviller, director de Construcciones del rey, se le encargó instalar en la Gran Galería del Louvre, un «Museum» para presentar a la curiosidad del público las colecciones de pintura de la Corona. Dispersas hasta entonces en las moradas reales o en distintos depósitos como el de Mobiliario real, las obras habían sido acumuladas por sucesivos monarcas desde el Renacimiento y, en primer lugar, por Francisco I y Luis XIV. Con el fin de completar las lagunas de esta colección con vocación pedagógica, tradicionalmente dominada por las escuelas francesa, italiana y flamenca, Angiviller adquirió numerosas obras holandesas, pero también españolas y alemanas. Las confiscaciones revolucionarias de los bienes de los noble emigrados y del clero enriquecieron notablemente el «Museo» que abre oficialmente sus puertas en 1793. Los botines de guerra de la Convención y del Imperio dotaron al Louvre de algunas de sus obras maestras,

como *Las bodas de Caná* de Veronese, pero la mayoría de estos tesoros fueron devueltos a sus propietarios por la Restauración. A lo largo de los siglos XIX y XX el museo se ha esforzado, con su política de adquisición, en respetar esta vocación enciclopédica nacida en el Siglo de las Luces. Ha jugado el papel de conservador de los testimonios de la evolución de la pintura francesa, cuyas obras más recientes se conservan hoy día en el Museo d'Orsay. Con más de 8 mil pinturas europeas, que abarcan desde finales del siglo XIII hasta mediados del siglo XIX, hoy el Departamento de pintura tiene una doble vocación: conservar y presentar al público, de la manera más exhaustiva posible, la pintura francesa, y dar una visión de las diversas escuelas europeas cuyo panorama se ha ampliado a las escuela inglesa y de Europa central. Por afán de claridad, las diferentes escuelas europeas se exhiben de forma separada y están repartidas en las tres alas del Museo: tienen, en efecto, destinos separados desde el punto de vista museográfico, pero también pueden ser presentadas de manera conjunta. Una disposición cronológica pondría de relieve las intensas relaciones que vinculan las diferentes escuelas a lo largo de su historia, para formar eso que podríamos llamar «la pintura europea», un espacio geográfico que era una realidad para los pintores, a partir de la Edad Media. Es en Italia, durante el siglo XIV que deben buscarse las premisas de una revolución de la cultura europea: el humanismo preconizado por los hombres del Renacimiento. Movimiento de regreso a los valores del arte y de la arquitectura antiguas, el Renacimiento convivió mucho tiempo con las últimas manifestaciones del arte gótico medieval, antes de que la renovación se imponga definitivamente a finales del siglo XV. La atención que se le da a la pertinencia de la representación, sobre todo por medio de la perspectiva elaborada por Brunelleschi en Florencia,

se redobló con un nuevo sentimiento individual. Aparecieron los primeros retratos realistas, las primeras obras inspiradas por la cultura de la Antigüedad —historia o mitología— que van a servir de contrapunto a otras en las que los temas religiosos están sometidos a las convenciones del arte sagrado. La propia condición de los pintores sufre una transformación: hasta ese momento los artistas ejecutaban los pedidos según programas impuestos, ahora se convierten en creadores plenamente responsables de los temas y de su expresión estética. Como ejemplos, las personalidades excepcionales de Leonardo da Vinci, Rafael o Tiziano, íntimos de los príncipes y teóricos de su disciplina. Todas las cortes europeas seguirán, en el siglo XVI, el ejemplo de Italia,

HIERONIMUS BOSCH (HACIA 1450-1516)
LA NAVE DE LOS LOCOS
Flandes, hacia 1500
Madera; 56 x 32 cm

Bajo la enseña del diablo, una nave a la deriva alberga una curiosa tripulación: una monja y un monje en plena libación, en medio de una banda de impíos y de símbolos clarísimos de la lujuria, de la voluptuosidad pero también de la necedad y de la herejía, de la locura y de los vicios. Se trata, sin duda, del extravío de los sentidos y de la razón que El Bosco ilustra con una truculencia que no enmascara la condena moral.

LEONARDO DA VINCI (1452-1519)
RETRATO DE MONNA LISA *LLAMADA* LA GIOCONDA
Italia, hacia 1503-1506
Óleo sobre madera; 77 x 55 cm

Este cuadro, el más célebre del mundo, excita aún la curiosidad del público y la de los historiadores. La sonrisa enigmática de la bella florentina impregna un paisaje inspirado en el Val d'Arno que se funde en un *sfumato* del cual Leonardo inventó el principio. Pero es sobre todo por su carácter de grave y suave monumentalidad que la *Gioconda* es única, y que Francisco I la consideraba ya la joya de su colección.

en lo concerniente a esta nueva visión del arte, que sufrirá también la influencia de la pintura flamenca y de los Países Bajos. Por ese entonces, Francia es la cuna de una escuela, llamada «de Fontainebleau» que ilustra la influencia directa de los artistas italianos contratados por el rey Francisco I y sus sucesores.

El naciente siglo XVII verá despejarse dos corrientes paralelas: el clasicismo, cuyos fundamentos establecen los hermanos Carracci en Roma, y el claroscuro realista de Caravaggio, que va a inspirar a numerosos artistas de toda Europa. A mediados del siglo XVII, Roma es también el escenario del fin de la supremacía de la escuela italiana, «colonizada» por Francia, cuyos pintores emblemáticos son Nicolas Poussin y Claude Gellée, más conocido como Claudio de Lorena, sin olvidar a Charles Le Brun, un verdadero organizador de las artes bajo el reinado de Luis XIV. Si Roma sigue siendo un lugar de formación ineludible, París se convierte en la capital cultural de Europa. Las escuelas del Norte, aunque han asimilado las lecciones del Renacimiento, desarrollan formas de expresión originales en los siglos XVI y XVII, que corresponden tanto a la representación de lo real en bodegones o escenas de género, como a las de tema más íntimo, en las obras magistrales de Rubens, Rembrandt o Vermeer. El siglo XVIII está dominado por los pintores de la Academia real de Pintura en Francia, cuyo eclecticismo, desde los grandes retratos de Hyacinthe Rigaud hasta las naturalezas muertas de Chardin, está dominado por un «género noble», la «pintura de historia». Pero a partir de mediados de siglo la pintura se orienta progresivamente hacia el neoclasicismo, un regreso a las virtudes de la Antigüedad preconizado por los hombres del Siglo de las Luces, cuyo pintor emblemático es Jacques Louis David. Esta corriente se atenúa a comienzos del siglo XIX con expresiones ligadas al romanticismo naciente, tanto en Alemania como en Inglaterra, y con personalidades como Turner o Friedrich. Ellos anuncian el eclecticismo que ofrecerá a los artistas mayor autonomía y favorecerá las experiencias que desembocarán más tarde en el impresionismo y la abstracción.

CENNI DI PEPO, LLAMADO CIMABUE
(CONOCIDO DE 1272 A 1302)

< LA VIRGEN Y EL NIÑO
EN MAJESTAD RODEADOS
DE SEIS ÁNGELES

ITALIA, HACIA 1280
MADERA, FONDO DORADO;
427 X 280 CM

Destinada al altar de la iglesia de San Francisco en Asís, esta *Maestà* monumental testimonia la culturas de los artistas de finales de la Edad Media en Toscana, que se han dado en llamar los «primitivos». Aún marcada por la figuración hierática heredada de los íconos del arte bizantino, ella expresa también el gusto por el modelado y los drapeados de la escultura antigua que se redescubre por entonces.

GIOTTO DI BONDONE (HACIA 1265-1337)

> SAN FRANCISCO DE ASÍS
RECIBIENDO LOS ESTIGMAS

ITALIA, HACIA 1295-1300
MADERA, FONDO DORADO;
313 X 163 CM

Fundador de la orden mendicante de los franciscanos, Francisco (1182-1226), símbolo de la espiritualidad cristiana, es visitado aquí por un serafín que le inflige las marcas de las heridas que Cristo recibió durante la Pasión. Las escenas que aparecen en la parte inferior del retablo, ilustran el reconocimiento de la orden por el papa Inocencio III y la familiaridad del santo con los animales. Las figuras se desenvuelven en un espacio en profundidad que anuncia ya el Renacimiento.

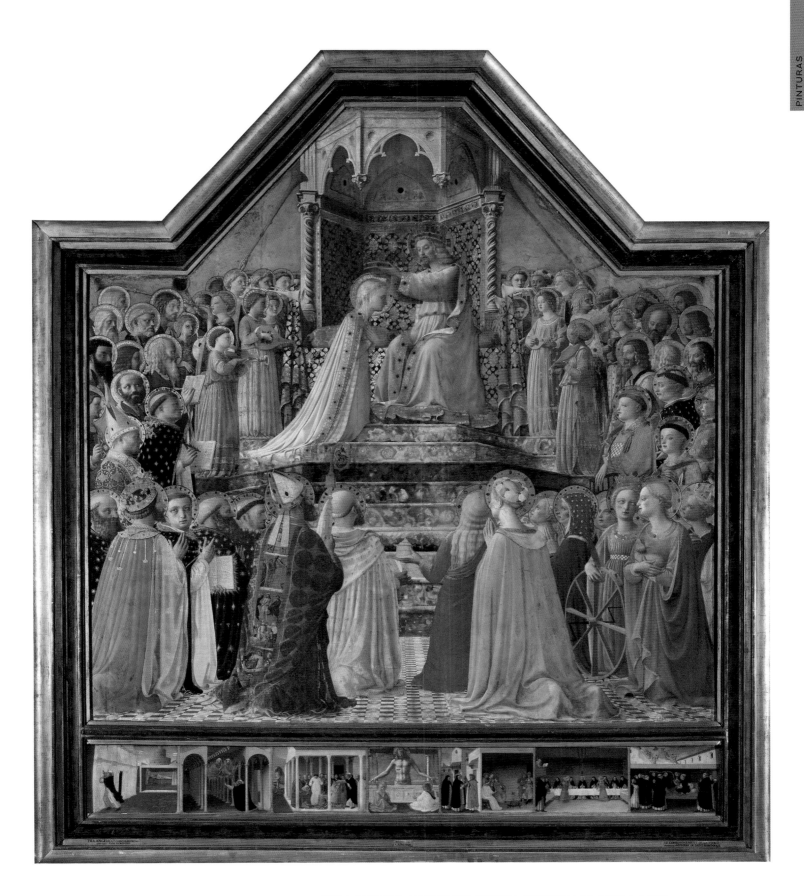

LA CORONACIÓN DE LA VIRGEN

ITALIA, HACIA 1430-1432
MADERA; 209 X 206 CM

Con Fra Angelico, monje dominico y pintor florentino, el tema recurrente del
arte medieval es aquí el pretexto para elaborar la nueva visión renacentista con el
degradado de las figuras en el espacio; el refinamiento de los ropajes y de los colores,
rojo terrestre y azul divino; las perspectivas arquitectónicas, como el embaldosado,
y la hábil narración en las escenas de la parte inferior.

ANÓNIMO, MEDIADOS DEL SIGLO XIV

< JUAN II EL BUENO (1319-1364),
REY DE FRANCIA

FRANCIA, ANTES DE 1350
MADERA; 60 X 45 CM

Este retrato es uno de los raros cuadros de caballete
que nos han llegado de la época gótica. Se trata, además,
del más antiguo retrato conocido de la pintura francesa.
El futuro rey, que por entonces sólo era duque de
Normandía, aparece de perfil sobre un fondo dorado,
con realismo y sin ningún adorno.

ANTONIO PUCCIO, LLAMADO PISANELLO (HACIA 1395-1455?)

∨ RETRATO DE GINEVRA DE ESTE

ITALIA, HACIA 1440
MADERA; 43 X 30 CM

Se trata del retrato de una princesa de la familia Este
que reinó en Ferrara, uno de los centros del Renacimiento,
y que pertenece todavía al «gótico internacional». El rigor
del perfil a la antigua, testimonio de que Pisanello fue
también medallista, está suavizado por la riqueza decorativa
y alegórica de las flores: clavel de los esponsales, aguileña
de la pasión amorosa, enebro de la felicidad...

PIERO DELLA FRANCESCA (1416?-1492)

∨ RETRATO DE SEGISMUNDO PANDOLFO MALATESTA

ITALIA, HACIA 1450-1451?
MADERA; 44 X 34 CM

Temible condotiero de Rímini y gran mecenas humanista,
Segismundo (1417-1468) es representado aún bajo el esquema
del arte gótico, con perfil de medalla, pero Piero da muestras
de novedad en la fuerte volumetría del busto y en el modelado
de las carnes. El realismo, inspirado por el arte flamenco,
se pone aquí al servicio de la verdad y de la vida.

JAN VAN EYCK (MUERTO EN 1441)

LA VIRGEN DEL CANCILLER ROLIN

FLANDES, HACIA 1434
MADERA; 66 X 62 CM

Van Eyck fue uno de los primeros en emplear la pintura al óleo, en vez de pintura de huevo al temple, lo que otorga a su realismo una definición y un acabado excepcionales. Cuadro dentro del cuadro, tras el donante que aparece frente a la pareja divina, un paisaje dominado por una ciudad imaginaria se despliega con una increíble precisión. Los más ínfimos detalles tienen un significado simbólico.

ANDREA MANTEGNA (1431-1506)

v LA CRUCIFIXIÓN

ITALIA, 1456-1459
MADERA; 76 X 96 CM

Fue en Padua que el joven Mantegna se inició en el nuevo arte inventado en Toscana convirtiéndose en uno de sus maestros. La virtuosidad con la que representa la escena, con una preocupación arqueológica por la reconstrucción de lo antiguo y una gran seguridad en el trazado de la perspectiva, se amplifica con las expresiones patéticas de los cuerpos supliciados y los rostros de los implorantes.

PAOLO DI DONO, LLAMADO PAOLO UCCELLO,
(1397-1475)

^ LA BATALLA
DE SAN ROMANO

ITALIA, HACIA 1435?
MADERA; 182 X 317 CM

La familia Médicis había encargado una serie de cuadros que ilustraban la batalla decisiva de la guerra que enfrentó en 1432 a Florence con Siena, su rival. Este es el pretexto para una pasmosa demostración de los nuevos principios de representación permitidos por la perspectiva inventada en el Renacimiento: profundidad y dinamismo subrayados por las lanzas desplegadas, el degradado coloreado de las piernas de los soldados y los movimientos descompuestos de las monturas.

JAIME HUGUET (HACIA 1415-1492)

> LA FLAGELACIÓN DE CRISTO

ESPAÑA, HACIA 1450
MADERA; 92 X 156 CM

Ofrecido a la catedral de Barcelona por el gremio de los zapateros para adornar un altar, este panel ilustra la síntesis entre el arte gótico catalán, las novedades inspiradas por el Renacimiento italiano y el naturalismo nórdico.
El espacio arquitectónico con una perspectiva perfectamente trazada, que se abre sobre un paisaje, está organizado simétricamente alrededor de la figura de Cristo en la columna.

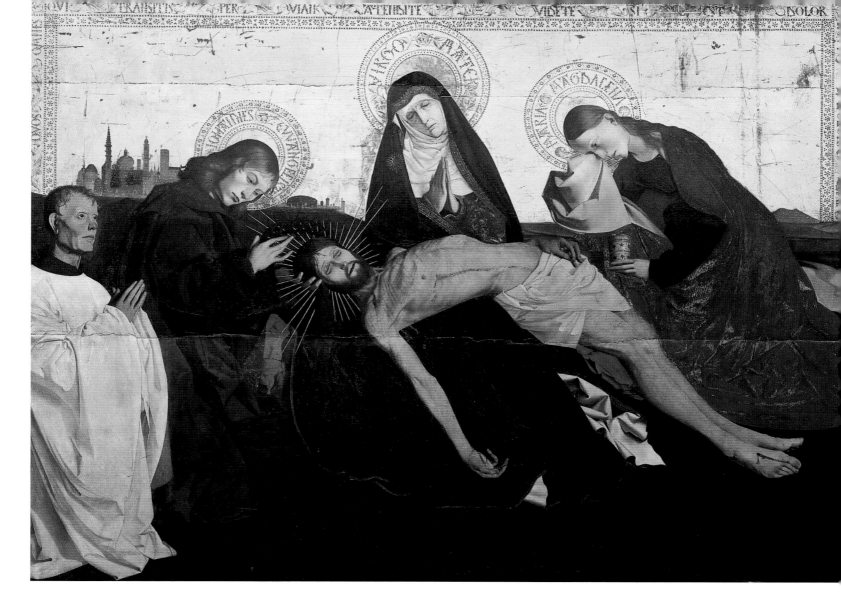

ENGUERRAND QUARTON (ACTIVO EN PROVENZA DE 1444 A 1466)

^ PIETÀ DE VILLENEUVE-LÈS-AVIGNON

FRANCIA, HACIA 1455
ÓLEO SOBRE TABLA; 163 X 218 CM

El esplendor dorado de esta escena en que la Virgen deplora la muerte de Cristo es la obra maestra de la escuela de pintura nacida con la instalación de los papas en Avignon durante el siglo XIV. En una austera composición teatral atenuada por la dulzura realista de los rostros, San Juan retira la corona de espinas, Magdalena enjuga sus lágrimas, mientras que, a la izquierda, el canónigo donante parece ensimismado en la plegaria.

ROGIER VAN DER WEYDEN (1399/1400-1464)

⌐ LA ANUNCIACIÓN

FLANDES, COMIENZOS DEL SIGLO XV
MADERA; 86 X 93 CM

En un interior aún medieval, pintada con meticulosidad por uno de los flamencos más dotados, la Virgen aparece con un nimbo de luz, signo de la elección divina que le anuncia el arcángel Gabriel. Los lises y el aguamanil simbolizan la pureza, las velas consumidas anuncian la llegada de la luz divina, y la riqueza de la vivienda testimonia la grandeza del destino de María.

JEAN FOUQUET (HACIA 1420-HACIA 1481)

> CARLOS VII (1403-1461), REY DE FRANCIA

FRANCIA, HACIA 1445-1450
ÓLEO SOBRE TABLA; 86 X 71 CM

Retrato oficial del rey que venció a los ingleses, gracias a
Juana de Arco, esta obra inaugura una larga tradición.
El busto tratado de manera monumental se pone de relieve
por el esplendor de los tejidos y el juego de los colores, el verde
de la esperanza, el rojo de la caridad y el blanco de la flor de lis.
El realismo del rostro se combina con la sabia composición,
inspirada por el Renacimiento italiano, que desvela al hombre
y exalta el poderío del príncipe.

JEAN CLOUET (HACIA 1480-1540/1541)

> FRANCISCO I, REY DE FRANCIA (1494-1547)

FRANCIA, HACIA 1530
MADERA; 96 X 74 CM

Inspirado en la composición del *Carlos VII* de Fouquet, Clouet
realiza con este «ícono» el más bello retrato del rey mecenas del
Renacimiento. El realismo del rostro se ve magnificado por la riqueza
de los brocados, la suavidad de la luz y la delicadeza del modelado
de las manos que recuerda obras de Leonardo da Vinci o de Rafael.

ANTONELLO DA MESSINA (HACIA 1457-1479)

∨ RETRATO DE HOMBRE

ITALIA, 1475
MADERA; 36 X 30 CM

También llamado *El Condotiero*, este retrato ilustra perfectamente
la revolución operada en el arte durante el siglo XV: el modelo
está completamento vuelto hacia el espectador, con un realismo
muy expresivo. Es al arte flamenco que debemos tanto el abandono
del perfil, como la maravillosa precisión de luces y sombras:
el retrato está construido en el espacio.

ALBERTO DURERO (1471-1528)

∧ AUTORRETRATO

ALEMANIA, 1493
PERGAMINO PEGADO SOBRE TELA;
56 X 44 CM

El más antiguo autorretrato del pintor, a la edad
de 22 años, es el de un joven artista grave, con
descuidada elegancia, vivamente iluminado.
El pintor parece afrontar su destino, cuya clave
tal vez se encuentre en el cardo que sostiene en
la mano, símbolo de la fidelidad conyugal
o incluso paradigma de la Pasión de Cristo.

LUCAS CRANACH EL VIEJO (1472-1553)

˄ VENUS ANTE UN PAISAJE

ALEMANIA, 1529
MADERA; 38 X 25 CM

Cranach, el retratista de Lutero, es también el creador
de esta figura femenina, desnuda y aislada en un paisaje,
que desprende un sentimiento de extrañeza. El candor
y la inocencia de la expresión asociados a lo impúdico
del desnudo dotan a esta Venus gótica de un encanto
misterioso y seductor, magnificado por el toque refinado
y minucioso del pintor.

DOMENICO DI TOMASO BIGORDI, LLAMADO GHIRLANDAIO (1449-1494)

˂ RETRATO DE UN VIEJO CON SU NIETO

ITALIA, HACIA 1490
MADERA; 63 X 46 CM

Testimonio desgarrador de la moda del retrato en Florencia,
inspirado por la delicada precisión de la pintura flamenca,
esta doble figuración es también una alegoría de los ultrajes del
tiempo que anuncian la muerte, y de la permanencia de la ternura
familiar. Cuadro dentro del cuadro, el paisaje casi hiperrealista aporta
su respiración a esta escena encuadrada en primer plano.

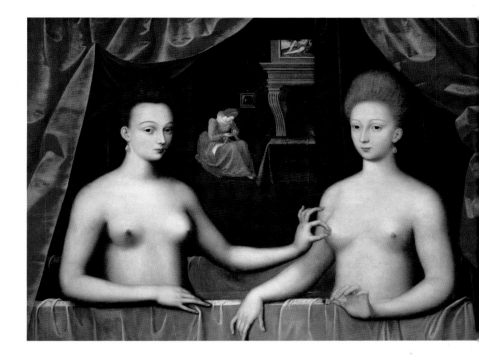

ESCUELA DE FONTAINEBLEAU, FINALES DEL SIGLO XVI

˄ GABRIELA DE ESTRÉES Y UNA DE SUS HERMANAS

FRANCIA, HACIA 1594
MADERA; 96 X 125 CM

El pintor nos convida al teatro de la intimidad y de la alegoría.
El gesto de la hermana de la bella Gabriela evoca al niño
que esperaba la favorita del rey Enrique IV, igual que la nodriza
atareada en segundo plano, mientras que el tema del baño legitima
la sensualidad de las dos mujeres, amplificada por los pliegues
rojos del cortinaje que desvela la escena.

ALESSANDRO FILIPEPI, LLAMADO BOTTICELLI
(HACIA 1445-1510)

˃ VENUS Y LAS GRACIAS OFRECIENDO REGALOS A UNA JOVEN

ITALIA, HACIA 1483
FRESCO; 212 X 264 CM

Perteneciente originalmente al decorado de
una villa, este fresco ilustra la erudición de los
pintores y sus mecenas, finos conocedores de
la filosofía neoplatónica. Se trata de una
alegoría de los dones hechos por los dioses a
los mortales para darles acceso al «bello ideal»,
que se expresa aquí por la suavidad de las
líneas y la ligereza de los colores.

HANS MEMLING (HACIA 1435-1494)

> **LA VIRGEN Y EL NIÑO ENTRE SANTIAGO Y SANTO DOMINGO**

FLANDES, HACIA 1489-1490
ÓLEO SOBRE MADERA;
130 X 160 CM

Este cuadro es el memorial de una familia diezmada por la peste de 1489. Jacques Floreins, un rico comerciante de especias de Brujas, acompañado de sus hijos, es presentado a la Virgen por su santo patrón; su esposa y sus hijas van acompañadas del patrón de la orden a la que la viuda se retira. Obra de devoción, es también una maravillosa síntesis entre la precisión de las formas y el sentimiento que se desprende de ella.

LÉONARDO DA VINCI (1452-1519)

> **LA VIRGEN, EL NIÑO JESÚS Y SANTA ANA**

ITALIA, HACIA 1510
MADERA; 168 X 130 M

Esta pintura testimonia las investigaciones de Leonardo sobre la perspectiva aérea: el segundo plano es un degradado de tonos azulosos que aportan un marco de intensa profundidad a la escena. Los protagonistas forman una pirámide dinámica, pose inédita para un tema representado a menudo según un esquema hierático.

RAFFAELLO SANTI, LLAMADO RAFAEL (1483-1520)

< **LA VIRGEN Y EL NIÑO CON EL PEQUEÑO SAN JUAN BAUTISTA, *LLAMADO* LA BELLA JARDINERA**

ITALIA, 1508
ÓLEO SOBRE MADERA; 122 X 80 CM

En esta obra donde la clara composición geométrica y el paisaje degradado recuerdan a Leonardo, Rafael expresa con delicadeza la dulzura de actitudes que traducen la serenidad de esta escena íntima y la ternura con la cual la Virgen sostiene al Cristo niño bajo la mirada curiosa del pequeño Juan Bautista. El equilibrio del conjunto lo convierte en un símbolo de la madurez del Renacimiento.

AGNOLO DI COSIMO DI MARIANO TORI, LLAMADO BRONZINO
(1503-1572)

⌐ RETRATO DE HOMBRE SOSTENIENDO UNA ESTATUILLA

ITALIA, HACIA 1550
LIENZO; 99 X 79 CM

Durante mucho tiempo se creyó que este retrato, comprado por Luis XIV en 1671, era el de un joven escultor, pero hoy se cree que se trata más bien de un joven patricio: la estatuilla de la Fama que sostiene con delicadeza expresa sus aspiraciones más profundas. El refinamiento de los colores apagados, el espacio limitado, la riqueza de los detalles y la franqueza de la mirada la vuelven una obra extraña.

ANDREA D'AGNOLO DI FRANCESCO,
LLAMADO ANDREA DEL SARTO (1486-1530)

> LA CARIDAD

ITALIA, 1518
LIENZO;
185 X 137 CM

Virtud esencial del cristianismo, la Caridad aparece aquí con todos sus atributos: tres niños de los que vela, un vaso ardiendo y una granada a sus pies. Esta obra maestra de finales del Renacimiento florentino, cuyo clasicismo logra la perfección de la composición y el equilibrio de las formas fue encargada al pintor por Francisco I, que lo había invitado a Francia.

JACOPO CARRUCCI, LLAMADO IL PONTORMO (1494-1556)

> LA VIRGEN Y EL NIÑO CON SANTA ANA Y CUATRO SANTOS

ITALIA, 1527-1529
MADERA; 228 X 176 CM

Esta «pala», obra destinada a adornar un altar, conmemora la expulsión de un tirano de Florencia en el siglo XIV. Santa Ana, patrona de Florencia, está acompañada por San Benito, San Sebastián, San Pedro y el buen ladrón. Las formas lánguidas, arremolinadas, los coloridos ácidos, el espacio fundido en negro son características del arte del manierismo.

GIOVANNI BATTISTA DI JACOPO, LLAMADO ROSSO FIORENTINO (1496-1540)

⌐ PIETÀ

ITALIA, HACIA 1530-1535
LIENZO; 127 X 163 CM

Esta obra del pintor pelirrojo de Florencia, pintada durante su estancia en Fontainebleau, testimonia la difusión del manierismo en Francia. La intensidad dramática de esta lamentación de Cristo por la Virgen, Juan y María Magdalena, se apoya en el encuadre teatral y en el amontonamiento de las figuras en actitudes exageradas, a las que se agregan los colores francos.

PAOLO CALIERI, LLAMADO VERONESE (1528-1588)

LAS BODAS DE CANÁ

ITALIA, 1562-1563
ÓLEO SOBRE TELA;
666 X 990 CM

Este cuadro, llevado a Francia por Bonaparte en 1789, proviene del convento de San Giorgio Maggiore en Venecia, construido por el arquitecto Palladio. El tema escogido por los benedictinos es el primer milagro de Cristo, que tuvo lugar durante un festín de bodas en Caná, Galilea. Los recién casados, con las ricas vestimentas del Renacimiento, son relegados al borde de la mesa, mientras que Cristo, su madre y los apóstoles, con humildes vestidos antiguos, ocupan el centro de la escena. Con pocos colores, el artista ha conseguido dar a la fiesta toda su magnificencia.

HANS HOLBEIN (1497/1498-1543)

∧ RETRATO DE ERASMO DE ROTTERDAM

ALEMANIA, 1523
MADERA DE TILO; 42 X 32 CM

Erasmo (1469-1536) es uno de los actores principales del
humanismo renacentista. El gran moralista holandés es
presentado por Holbein ocupado en redactar su *Comentario
del Évangelio según San Marcos*, de perfil, en una actitud
grave y vestido con austeridad. Se trata de un retrato sensible
que busca expresar, ante todo, la personalidad del modelo.

PIETER BRUEGHEL EL VIEJO (HACIA 1525-1569)

∧ LOS MENDIGOS

FLANDES, 1568
MADERA; 18 X 21,5 CM

Cinco lisiados y una mujer forman un grupo que
se dispersa para ir a medigar: este pequeño cuadro,
ilustra, por su carácter monumental y la maestría
de la composicion en el espacio de la tabla, el
genio de Brueghel. Sátira de la miseria humana
o alusión al carnaval de los mendigos que remedan
las diferentes clases de la sociedad, el significado
de esta obra sigue siendo un enigma.

HANS BALDUNG GRIEN (1484/1485-1545)

> EL CABALLERO, LA JOVEN
  Y LA MUERTE

ALEMANIA
MADERA; 35 X 30 CM

Esta extraña composición de un discípulo de
Durero es una alegoría del amor vencedor de la
muerte, un tema eterno pero que testimonia aquí
cierto optimismo ante el destino. El carácter expre-
sionista de los detalles mórbidos del esqueleto,
que parece salido de una danza macabra, contrasta
con la atención prestada por el pintor a las figuras
coloreadas y vivaces de los jóvenes abrazados.

QUENTIN METSYS (1465/1466-1530)

⌄ EL PRESTAMISTA Y SU MUJER

HOLANDA, 1514
MADERA; 70 X 67 CM

«Que la balanza sea justa y los pesos iguales», esta es la moraleja de esta escena de la contabilidad de un banquero, inspirada por una obra perdida de Van Eyck. Tratados con realismo, todos los detalles contribuyen a armar una «naturaleza muerta» simbólica y grave, hasta la iluminación del libro abierto que representa la Virgen y recuerda la dimensión espiritual de la existencia.

ANTONIO ALLEGRI, LLAMADO CORREGGIO (HACIA 1489-1534)

^ MATRIMONIO MÍSTICO DE SANTA CATALINA
ANTE SAN SEBASTIÁN

ITALIA, HACIA 1526-1527
MADERA; 105 X 102 CM

Verdadera síntesis entre el arte refinado de Leonardo o de Rafael
y la espontaneidad del color veneciano, esta escena se inscribe en
una curva delicada y feliz. Catalina aparece simbólicamente unida
al Niño Jesús, mientras que en segundo plano se evoca el martirio
atroz que sufrió por rechazar al emperador Maxencio.

JACOPO ROBUSTI,
LLAMADO EL TINTORETTO (1518-1594)
< SUSANA EN EL BAÑO
ITALIA, ENTRE 1550 Y 1560
ÓLEO SOBRE TELA;
167 X 238 CM

La hermosa dama de Babilonia codiciada
por dos viejos que la acusan de
provocación, tema moral por excelencia,
es aquí el pretexto para mostrar una
desnudez femenina y triunfante que
crea un juego incongruente entre mirones
reales y falsa intimidad. El contraste
se ve amplificado por la oposición de
los colores y las luces que resaltan
la sensualidad del modelo.

TIZIANO VECELLIO,
LLAMADO TIZIANO (1488/1490-1576)
< CONCIERTO CAMPESTRE
ITALIA, HACIA 1510
ÓLEO SOBRE TELA; 105 X 365 CM

Pintura erudita, este concierto opone en
una lid amistosa la músicas de la ciudad y
del campo, representadas por dos jóvenes
acompañados de sus Musas. Es en la
Arcadia, el mítico paraíso griego que
inspira a los poetas del Renacimiento,
donde resuenan sus notas. Dibujo y color
se unen en una equilibrada armonía.

PIETRO DI CRISTOFORO VANNUCCI, LLAMADO EL PERUGINO (HACIA 1448-1523)
^ APOLO Y MARSIAS
ITALIA, HACIA 1495
ÓLEO SOBRE MADERA;
39 X 29 CM

Tema sacado de las *Metamorfosis* de Ovidio y evocado a menudo por
la escultura antigua, el concurso de flauta que enfrentó al joven sileno
y al dios de la belleza y de las artes, con las Musas por juez, acabará en
martirio. À la visión de Marsias desollado vivo, el Perugino prefiere esta
confrontación apaciguada y sugestiva, llena de alusiones poéticas que
afirman la superioridad de la pintura sobre la escultura.

DOMÉNIKOS THEOTOKÓPOULOS, LLAMADO EL GRECO (1541-1614)

> CRISTO EN LA CRUZ ADORADO POR DOS DONANTES

ESPAÑA, HACIA 1585-1590
ÓLEO SOBRE TELA; 260 X 171 CM

Pintor originario de Creta, el Greco es un artista singular por su expresionismo intemporal. En esta obra, la atención no se distrae por el superfluo decorado del paisaje, sino que se concentra totalmente en la figura atormentada de Cristo, a la que aluden las lúgubres nubes de un cielo amenazador donde se enfrentan la luz y las tinieblas, lo profano y lo sagrado.

GERRIT VAN HONTHORST (1590-1656)

˅ EL CONCIERTO

HOLANDA, 1624
ÓLEO SOBRE TELA; 168 X 178 CM

Honthorst ilustra perfectamente los intercambios que animan la pintura europea. Inspirado, luego de su viaje a Italia, tanto por el clasicismo de los Carracci como por el realismo de Caravaggio, el pintor combina las ligeras figuras de los ángeles y las muy reales instrumentistas holandesas en un efecto de *trompe-l'œil* cuyo carácter teatral está acentuado por los paños.

MICHELANGELO MERISI, LLAMADO CARAVAGGIO (1571-1610)

> LA MUERTE DE LA VIRGEN

ITALIA, HACIA 1601-1605/1606
ÓLEO SOBRE TELA; 369 X 245 CM

Encargada por un convento, esta obra fue rechazada por el clérigo. Caravaggio ha dado voluntariamente a sus personajes, la Virgen María muerta, rodeada de los apóstoles y María Magdalena, una dimensión humana que se aleja de las obras religiosas habituales. El artista impone la oscuridad como elemento predominante para resaltar los colores y oponerse a la luz. Este pintor llevó a cabo una verdadera revolución a finales del siglo XVI y principios del XVII.

CLAUDE VIGNON (1593-1670)

> EL JOVEN CANTOR

FRANCIA, HACIA 1622-1623
ÓLEO SOBRE TELA; 95 X 90 CM

Alrededor del 1600, Caravaggio había revolucionado la pintura italiana con su crudo realismo y sus fantásticos efectos de claroscuro. Francia, como el resto de Europa, había sido conquistada por el caravaggismo, que se manifiesta a menudo en escenas de la vida cotidiana, como ésta de un joven, ricamente vestido, pintado con una pincelada muy libre.

GUIDO RENI (1575-1642)

^ DEYANIRA RAPTADA POR EL CENTAURO NESO

ITALIA, 1617-1621
ÓLEO SOBRE TELA; 239 X 193 CM

Es la composición lo que prima en esta obra encargada por Ferdinando Gonzaga para el palacio Te, en Mantua. El Renacimiento cede aquí su lugar a un manierismo de líneas sinuosas y al clasicismo de los tejidos brillantes que dan a este episodio sacado de Ovidio un extraordinario movimiento dramático. À la derecha, Hércules se apresta a socorrer a su esposa.

ANNIBALE CARRACCI (1560-1609)

< LA CAZA; LA PESCA

ITALIA, HACIA 1585-1588
ÓLEOS SOBRE TELA; 136 X 253 CM

En 1585, los hermanos Annibale y Agostino Carracci abrieron en Bologna una academia que se convirtió en la cuna de un clasicismo opuesto al verismo de Caravaggio. En estas dos telas, que recogen una visión anecdótica de la vida campestre, se expresa una síntesis entre la lección de los maestros del Renacimiento y la observación curiosa de la naturaleza.

SIMON VOUET (1590-1649)

∨ LA RIQUEZA

FRANCIA, HACIA 1640
ÓLEO SOBRE TELA; 170 X 124 CM

Vouet, inspirado por Caravaggio en su juventud, le aporta a la pintura francesa una paleta brillante, colorida y luminosa. Destinada a Luis XIII, esta visión alegórica de la riqueza le da la espalda a la razón con un amplio movimiento de telas doradas que parecen invitar a la tentación. El contraste entre los tonos amarillo y rosa violáceo ilumina las vestiduras.

GIUSEPPE ARCIMBOLDO (HACIA 1527-1593)

^ EL OTOÑO

ITALIA, HACIA 1573
ÓLEO SOBRE TELA; 76 X 63 CM

En 1573 el emperador Maximiliano II de Habsburgo encargó al milanés Arcimboldo una serie de cuatro cuadros que ilustrasen las estaciones, para ofrecerlos al Elector Augusto de Sajonia. Cada uno de los cuatro perfiles alegóricos está compuesto de frutas que la naturaleza ofrece en cada una de las estaciones. El aspecto fantástico y ambiguo del cuadro debe todo al virtuosismo técnico del pintor manierista.

DOMENICO ZAMPIERI, LLAMADO DOMENIQUINO
(1581-1641)

> SANTA CECILIA CON UN ÁNGEL SOSTENIENDO UNA PARTITURA

ITALIA, HACIA 1617
ÓLEO SOBRE TELA;
160 X 120 CM

La santa patrona de los músico cuyo cuerpo había sido encontrado en Roma en 1599 es el pretexto para un elegante retrato femenino en donde sobresale el perfecto equilibrio de la composición. Obra de íntima devoción —puede leerse incluso la partitura que sostiene el ángel—, esta pintura ilustra la renovación del culto a los santos promovida por la Contrarreforma para combatir mejor al austero protestantismo.

FRANCISCO DE ZURBARÁN (1598-1664)

> EXPOSICIÓN DEL CUERPO DE SAN BUENAVENTURA

ESPAÑA, 1629
ÓLEO SOBRE TELA; 245 X 220 CM

La blanca diagonal que forma el cuerpo del renovador de la orden franciscana en Andalucía está iluminada por un resplandor misterioso y dramático que contrasta con la negrura cadavérica de su rostro.
El hábito de los monjes, con su claroscuro grisáceo, se opone a los refinados tejidos del catafalco y a las vestimentas del papa Gregorio X y del rey de Aragón.

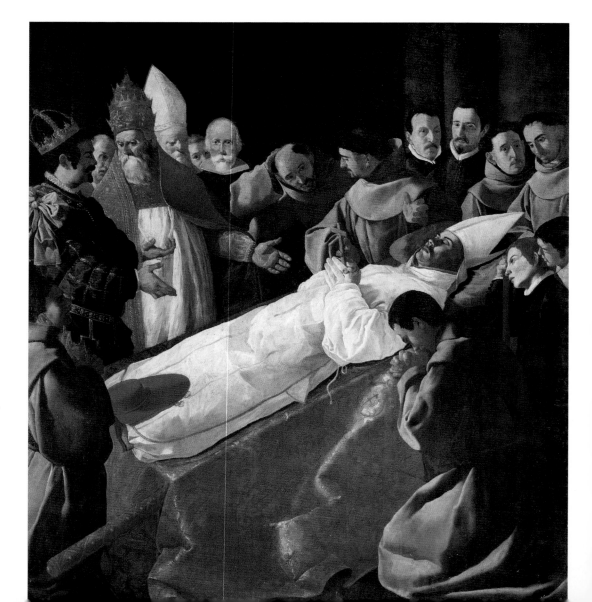

JOSÉ DE RIBERA (1591-1652)

⌄ EL PATIZAMBO

ESPAÑA, 1642
ÓLEO SOBRE TELA; 164 X 94 CM

«Denme una limosna, por el amor de Dios», es el mensaje que
lleva dignamente el joven mendigo lisiado. Ribera pinta con
humanismo y realismo la condición humana dirigiendo su mirada
crítica sobre el Siglo de Oro español y apelando a la caridad.
La inocencia de la sonrisa desdentada y el candor de la mirada
iluminan esta composición monumental.

BARTOLOMÉ ESTEBAN MURILLO (1618-1682)

⌄ JOVEN MENDIGO

ESPAÑA, HACIA 1650
ÓLEO SOBRE TELA; 134 X 100 CM

Inspirado por Caravaggio, Murillo ofrece aquí una
sobrecogedora visión de la infancia, llena de
compasión, y cuyo realismo es fuente de poesía.
Vestido con harapos, con los pies sucios de mugre,
sentado en medio de las migas de una comida
frugal, un niño se desviste y se calienta en el rayo
de sol que ilumina brutalmente el rincón oscuro
en el que esconde su miseria.

JOHANNES VERMEER (1632-1675)

> ## EL ASTRÓNOMO

HOLANDA, 1668
ÓLEO SOBRE TELA; 50 X 45 CM

El pintor que llamamos Vermeer de Delft consigue
en esta obra una de las más bellas representaciones
del sabio filósofo en su gabinete de trabajo absorto
en la contemplación de un globo celeste.
El encuadre intimista, el acabado de los detalles
y la luz cálida invitan al espectador a participar
en esta meditación estudiosa y reposada.

GEORGES DE LA TOUR (1593-1652)

∨ ## EL TRAMPOSO

FRANCIA, HACIA 1635
ÓLEO SOBRE TELA; 106 X 146 CM

En la estela de Caravaggio, con una gran maestría en el claroscuro y los
motivos, La Tour ilustra con esta escena un tema clásico: la oposición
entre la inocencia y el vicio, la virtud y el exceso. El joven de la derecha
está expuesto a una doble tentación, la carne y el juego, pero en los dos
casos perderá su dinero: el juego perverso de las manos y las miradas
revela la complicidad entre el tramposo y las dos mujeres.

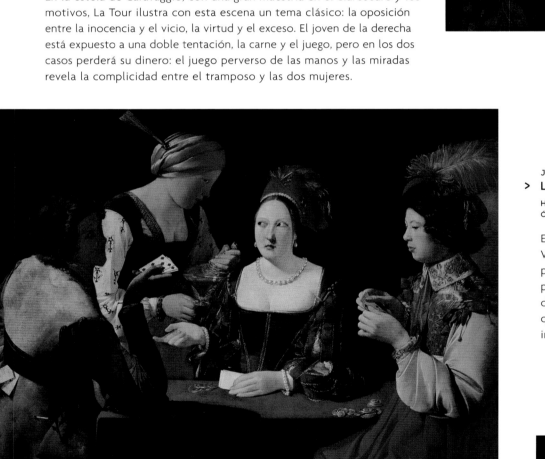

JOHANNES VERMEER (1632-1675)

> ## LA ENCAJERA

HOLANDA, HACIA 1665-1670
ÓLEO SOBRE TELA; 24 X 21 CM

En la composición de este célebre y pequeño cuadro,
Vermeer ha explotado artificios ópticos, como un
primer plano agrandado y borroso, y el fondo neutro,
para dirigir nuestra mirada sobre el gesto preciso
de la muchacha absorta en su tarea. El sentimiento de
quietud que se desprende de esta escena de silenciosa
intimidad está representado con una gran delicadeza.

LOUIS (O ANTOINE) LE NAIN (HACIA 1600/1610-1648)

> ## FAMILIA CAMPESINA EN UN INTERIOR

FRANCIA, HACIA 1630
ÓLEO SOBRE TELA; 113 X 159 CM

Los hermanos Le Nain se especializaron en escenas campesinas, pero
ésta en particular destaca por la nobleza de las poses y la serenidad que
de ella se desprende. El claroscuro de colores apagados contrasta con la
pintura brillante de sus contemporáneos, al igual que la composición
clásica se diferencia de las escenas de género flamencas u holandesas.

REMBRANDT HARMENSZOON VAN RIJN (1606-1669)

< BETSABÉ EN EL BAÑO

HOLANDA, 1654
ÓLEO SOBRE TELA; 142 X 142 CM

Solicitada por el rey David, la joven medita sobre su destino, que una carta acaba de revelarle. El modelo de este desnudo dramático, que por su colorido y su sensualidad es casi veneciano, es la segunda esposa del pintor, y simboliza, de forma alegórica, la dignidad de la mujer en la sumisión al deseo del hombre. La riqueza de las texturas realza la íntima ternura que emana de ella, en una fusión magistral.

PIETER DE HOOCH (1629-1684)

∨ LA BEBEDORA

HOLANDA, 1658
ÓLEO SOBRE TELA; 69 X 60 CM

Precursor de Vermeer de Delft, el pintor coloca en una composición arquitectónica minuciosa, a unos personajes que parecen petrificados para no turbar la luminosa armonía de la perspectiva. En realidad se trata de una alegoría moral: una cortesana, una celestina y dos clientes brindan, mientras a la derecha un Cristo y la mujer adúltera anuncian su destino.

FRANS HALS (HACIA 1581/1585-1666)

< LA BOHEMIA

HOLANDA, HACIA 1628-1630
MADERA; 58 X 52 CM

El título de esta obra formidable es engañoso, porque en realidad se trata del retrato de una cortesana, pintura de género alegórico más que realista, pero animada por un verismo inspirado en Caravaggio. De la alternancia entre pinceladas acariciadoras y bruscas nace el dinamismo de esta figura popular que simboliza la sensualidad femenina.

GÉRARD DOU (1613-1675)

∨ MUJER HIDRÓPICA

HOLANDA, 1663
MADERA; 83 X 67 CM

Lo que parece una consulta médica es en realidad una «vanidad» que ilustra la fragilidad del cuerpo humano, y cuya extraordinaria factura le da a este cuadro todo su valor. El carácter ilusionista de la luz, la preciosidad y el acabado de las texturas y los detalles, así como la variedad de las expresiones revelan el virtuosismo de este prodigioso pintor.

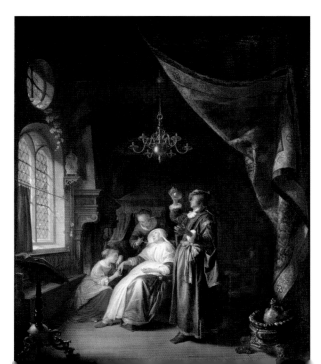

CLAUDE GELLÉE, LLAMADO CLAUDIO DE LORENA (1602-1682)

∧ PUERTO DE MAR EN EL CREPÚSCULO

FRANCIA, 1639
ÓLEO SOBRE TELA; 103 X 137 CM

Tan romano como Nicolas Poussin, Claudio de Lorena se inspira
en la Roma antigua y en la moderna para imaginar paisajes de
arquitectura y de luz ideales, a veces a partir de un pretexto histórico
o mitológico. La perspectiva, que converge hacia el sol poniente,
y la gradación de los colores cálidos acentúan el clasicismo
de la composición.

JACOB VAN RUISDAEL (HACIA 1628/1629-1682)

< EL RAYO DE SOL

HOLANDA, HACIA 1665-1670
ÓLEO SOBRE TELA; 83 X 99 CM

«Una vasta campiña iluminada por un rayo de sol», animada por
ruinas pintorescas y por personajes minúsculos, bajo un cielo inmenso
y dramático: tal es el tema de esta obra, que le da al paisaje título
de nobleza. El amarillo del trigal brutalmente iluminado contrasta
con la paleta delicada del pintor para materializar un efecto
de carácter «sublime».

EUSTACHE LE SUEUR (1616-1655)

> ## CLÍO, EUTERPE Y TALÍA

FRANCIA, HACIA 1652
MADERA; 130 X 130 CM

Testimonio de la rica decoración de las moradas parisinas del siglo XVII,
este fragmento de la decoración del palacio del presidente Lambert
representa a las musas de la Historia, de la Música y de la Comedia,
y formaba parte de un «Concierto de las nueve musas».
La elegancia de los modelos, el refinamiento de los colores y el
equilibrio de la composición son características de esta corriente clásica.

NICOLAS POUSSIN (1594-1665)

∨ ## LOS PASTORES DE ARCADIA

FRANCIA, HACIA 1638-1640
ÓLEO SOBRE TELA; 85 X 121 CM

Meditación sobre la muerte inspirada en el ideal de la Antigüedad,
ésta es una de las obras maestras de la colección del Louvre, que
cuenta con cuarenta cuadros de Poussin, el más romano de los pintores
franceses. Detrás de la escena, dominada por el azul de la sabiduría
y el amarillo de la inteligencia, se extiende un paisaje idílico que
otorga una dimensión poética a la mitología.

CHARLES LE BRUN (1619-1690)

> PIERRE SÉGUIER (1588-1672), CANCILLER DE FRANCIA

FRANCIA, HACIA 1657-1661
ÓLEO SOBRE TELA; 295 X 357 CM

Todo, en este retrato ecuestre, exalta la alta posición del canciller Séguier, segunda personalidad del reino después del Rey, y predecesor de Colbert. El oro y la plata dominan esta obra del pintor de cámara de Luis XIV, y la composición piramidal se anima con el círculo de jóvenes pajes alrededor del caballo.

HYACINTHE RIGAUD (1659-1743)

> LUIS XIV (1638-1715), REY DE FRANCIA

FRANCIA, 1701
ÓLEO SOBRE TELA; 277 X 194 CM

El Rey-Sol, símbolo de la monarquía absoluta, encarga este retrato a la edad de 63 años para ofrecérselo a su nieto Felipe V, rey de España, pero cambia de idea y guarda el original en Versalles. Corona y mano de justicia sobre un cojín, manto de coronación con flores de lis y forro de armiño, espada de Carlomagno y cetro de Enrique IV, todos los símbolos del poder real concurren en este arquetipo del retrato oficial.

PIERRE-PAUL RUBENS (1577-1640)

∨ EL DESEMBARCO DE MARÍA DE MÉDICIS EN EL PUERTO DE MARSELLA

HOLANDA, ENTRE 1621 Y 1625
ÓLEO SOBRE TELA; 394 X 295 CM

Esta aparición heroica es uno de los veinticuatro grandes cuadros que Rubens pintó para la galería Médicis del palacio del Luxemburgo, que cuentan la vida de la esposa del rey Enrique IV. Es una obra maestra del arte barroco, donde realismo y fantasía se mezclan en un movimiento de un dinamismo cautivador, en un escenario turbulento y bajo una luz irreal.

ANTOON VAN DYCK (1599-1641)

∧ CARLOS I, REY DE INGLATERRA, DURANTE LA CAZA

HOLANDA, HACIA 1635
ÓLEO SOBRE TELA; 266 X 207 CM

Este retrato de Carlos I (1600-1649), a la vez majestuoso y familiar, expresa el refinamiento y la elegancia del príncipe en cualquier circunstancia. Tras un aparente realismo, se trata de una pose majestuosa que el caballo, inspirado en el arte antiguo y en Tiziano, contribuye a ennoblecer al igual que las ricas armonías de colores y texturas.

JEAN-SIMÉON CHARDIN (1699-1779)

< LA RAYA

FRANCIA, 1728
ÓLEO SOBRE TELA; 114 X 146 CM

Pintor de naturalezas muertas, un género menos apreciado
que la pintura de historia, Chardin fue aceptado en el año 1728
en la Academia Real de Pintura gracias a esta brillante
demostración de excelencia ilusionista que igualaba las mejores
obras flamencas, entonces muy de moda en Francia.
Diderot celebró la «magia de los colores» de esta obra,
y escribió que «el tema es repulsivo; pero es la misma carne
del pez. Es su piel. Es su sangre».

JEAN-SIMÉON CHARDIN (1699-1779)

∨ EL BENEDICTE

FRANCIA, 1740
ÓLEO SOBRE TELA; 49,5 X 38,5 CM

«Este sí es un pintor, éste sí es un colorista», exclama Diderot
ante las obras de Chardin. El pintor de la intimidad proporciona
una nueva dimensión a la escena de género y a la naturaleza muerta,
gracias a la calidad de su pincelada y a la atención y ternura
que presta a sus modelos, sean niños, frutas o una raya
codiciada por un gato.

FRANÇOIS BOUCHER (1703-1770)

∧ EL ALMUERZO

FRANCIA, 1739
ÓLEO SOBRE TELA; 81,5 X 65,5 CM

Diderot adora la autenticidad de Chardin tanto como detesta
el «buen gusto» de Boucher, que exalta sus visiones mitológicas
con *putti* rubicundos y llena de ovejas sus idilios. Tema de
esta curiosa escena de género a la manera holandesa, una
familia, que podría ser la del pintor, está reunida alrededor de
un servicio de café, en un interior refinado cuyo estilo rocalla
es una buena ilustración de estos comienzos del siglo XVIII.

JEAN-ANTOINE WATTEAU (1684-1721)

> PIERROT, *ANTES LLAMADO* GILLES

FRANCIA, HACIA 1718-1719
ÓLEO SOBRE TELA; 184 X 149 CM

Este insólito retrato de pie de un personaje de la Commedia
dell'Arte quizá fue la insignia de un cabaret parisino abierto
por un amigo del pintor. El Pierrot lunar aparece en medio
de una escena campestre, rodeado de otros actores, pero él
cautiva por su monumentalidad y por la ingenua emoción
de su expresión melancólica.

JEAN-HONORÉ FRAGONARD (1732-1806)

⌄ EL PESTILLO

FRANCIA, HACIA 1777
ÓLEO SOBRE TELA; 73 X 93 CM

Esta obra se ha convertido en el símbolo de la pintura libertina
del siglo XVIII, pero también es una demostración del
virtuosismo del pintor. La larga diagonal que cruza el cuadro
conduce desde la manzana hasta el pestillo, de la tentación
a la caída, pasando por el triunfo de la carne, que los
amantes celebran con fogosidad.

JEAN-BAPTISTE GREUZE (1725-1805)

⌐ LA MALDICIÓN PATERNA: EL HIJO CASTIGADO

FRANCIA, 1778
ÓLEO SOBRE TELA; 130 X 162 CM

El drama familiar se desarrolla en dos actos: el hijo se enrola
en el ejército y abandona a la familia que estaba a su cargo;
cuando regresa, su padre acaba de morir desesperado.
Es lo que Diderot llama «moral en la pintura» para oponerlo
al «libertinaje y el vicio», una pintura de género a la antigua
para conmover y promover las virtudes domésticas.

HUBERT ROBERT (1733-1808)
> EL PUENTE DEL GARD
FRANCIA, 1787
ÓLEO SOBRE TELA; 242 X 242 CM

Junto con los monumentos de Nîmes y de Orange, esta
vista de arquitectura antigua formaba parte de una serie
destinada a las habitaciones de Luis XVI, encargada a
Hubert Robert, pintor de ruinas pero también creador
de jardines. En efecto, es una época de regreso a
las fuentes, y las ruinas, en cierto modo, son las
«vanidades» del Siglo de las Luces.

THOMAS GAINSBOROUGH (1727-1788)
> CONVERSACIÓN EN UN PARQUE
INGLATERRA, HACIA 1746-1747
ÓLEO SOBRE TELA; 73 X 68 CM

El joven pintor se ha retratado en compañía
de Margaret, con quien se casaría en 1746.
Esta obra pertenece al género de las *conversations
pieces*, de moda en el siglo XVIII. En un jardín
inglés que forma un dosel de verdor, animado
por un templo al amor conyugal, la joven pareja
parece invitar al espectador a compartir su
intimidad. El refinamiento de los vestidos participa
con delicadeza en la gradación de colores pastel
y otros más vivos.

JOSHUA REYNOLDS (1723-1792)
< MASTER HARE
INGLATERRA, HACIA 1788-1789
ÓLEO SOBRE TELA; 77 X 63 CM

Gracias a este retrato que le hicieron cuando
tenía dos años de edad, Francis John Hare se convirtió
en símbolo de la querencia por la infancia que
caracterizaba el romanticismo inglés. Mediante
una paleta cálida y luminosa sir Joshua Reynolds crea
una simbiosis entre el modelo y el paisaje que
le rodea y que da vida a esta delicada evocación
de la edad de oro de la inocencia.

FRANCISCO JOSÉ DE GOYA Y LUCIENTES (1746-1828)
> RETRATO DE LA CONDESA DEL CARPIO,
MARQUESA DE SOLANA
ESPAÑA, HACIA 1795
ÓLEO SOBRE TELA; 181 X 122 CM

Retratista predilecto de la aristocracia madrileña, Goya exalta la
sensibilidad de sus modelos mediante efigies que tanto se apoyan en
el realismo ilusionista como en la evocación sugestiva que prefigura
el impresionismo. La marquesa de Solana era una joven ilustrada
y caritativa, a la que una enfermedad se llevaría poco después
de posar para este retrato grave y refinado.

JACQUES LOUIS DAVID (1748-1825)

∨ EL JURAMENTO DE LOS HORACIOS

FRANCIA, 1784
ÓLEO SOBRE TELA;
330 X 425 CM

Alegoría del valor de los Horacios romanos frente a los Curiacios de la ciudad de Alba, cuando esta tela se presentó en el Salón de 1785 fue considerada el manifiesto de una nueva escuela, el neoclasicismo, y David, su jefe indiscutido. El austero decorado inspirado en el dórico griego, divide la composición y contrasta el movimiento de los hombres con el abatimiento de las mujeres desconsoladas.

ANNE-LOUIS GIRODET DE ROUSSY-TRIOSON
(1767-1824)

> ATALA CONDUCIDA A LA TUMBA

FRANCIA, 1808
ÓLEO SOBRE TELA;
207 X 267 CM

Obra romántica inspirada en una novela
de Chateaubriand, esta pintura ilustra
bien la sensibilidad que gana el arte en la
Francia de los primeros años del siglo XIX,
así como la renovación del catolicismo
tras el periodo revolucionario. El exotismo
«indio» y la piedad «nacional» se reúnen
en un decorado de tragedia griega.

PIERRE NARCISSE GUÉRIN (1774-1833)

> EL REGRESO
DE MARCUS SEXTUS

FRANCIA, 1799
ÓLEO SOBRE TELA;
217 X 243 CM

«Marcus Sextus, escapado de las
proscripciones de Sila, encuentra a su hija
en llanto junto a su esposa, que acaba
de expirar»: esta tela ha sido interpretada
como una alegoría del regreso de los
exiliados después del periodo
revolucionario. La emoción que emana
de las expresiones hace de ella una de las
obras más conmovedoras de este pintor
refinado, émulo de David, de un
neoclasicismo a la vez austero y tierno.

ÉLISABETH-LOUISE VIGÉE-LE BRUN (1755-1842)

⌄ LA SEÑORA VIGÉE-LE BRUN Y SU HIJA

FRANCIA, 1789
MADERA; 130 X 94 CM

La mujer pintora más célebre de su tiempo, la artista preferida de María Antonieta y de las cortes europeas, incluida la de Rusia, se representó aquí en un sencillo arrebato de ternura maternal: con la misma gracia y la misma delicadeza que animan los numerosos retratos de sus contemporáneos que nos ha dejado.

MARIE-GUILLEMINE BENOIST (1768-1826)

∧ RETRATO
DE UNA MUJER NEGRA

FRANCIA, 1800
ÓLEO SOBRE TELA;
81 X 65 CM

Alumna de David, la señora Benoit es, con Elisabeth-Louise Vigée-Le Brun, una de las pocas mujeres artistas con obra representada en el Louvre. Esta pintura es el excepcional retrato de una criada antillana, tratada a la vez con majestuosidad y con extrema sobriedad. La sensibilidad femenina contribuye a suavizar un neoclasicismo que a menudo se ha considerado austero y frío.

ANTOINE-JEAN GROS (1771-1835)

> BONAPARTE VISITANDO A
LOS APESTADOS DE JAFFA

FRANCIA, 1804
ÓLEO SOBRE TELA;
523 X 715 CM

Este episodio de la campaña de Siria en 1799 es un pretexto para mostrar, con espíritu de propaganda, la dimensión heroica del emperador conversando con sus soldados enfermos de peste. Es una obra precursora del orientalismo, que describe con precisión la arquitectura oriental y subraya el naturalismo de las expresiones.

PIERRE PAUL PRUD'HON (1758-1823)

> ## LA EMPERATRIZ JOSEFINA

FRANCIA, 1805
ÓLEO SOBRE TELA;
244 X 179 CM

El pintor ha situado en la soledad de su parque de la Malmaison la figura melancólica de la esposa que Napoleón repudiará en 1809 porque no le ha dado un heredero. Compuesto a la manera de los retratos ingleses del siglo XVIII, el cuadro está nimbado por una luz vaporosa que evoca la pintura italiana del Renacimiento, según el espíritu ecléctico de la época.

JACQUES LOUIS DAVID (1748-1825)

LA CORONACIÓN
DEL EMPERADOR NAPOLEÓN I

FRANCIA, 1806-1808
ÓLEO SOBRE TELA;
621 X 979 CM

En el interior de la catedral de
Notre-Dame de París, el 2 de diciembre
de 1804, en presencia del papa Pío VII,
Napoleón Bonaparte se corona a sí
mismo emperador. David, pintor oficial
del Imperio, realiza aquí la más
extraordinaria pintura de historia.
Elige el momento en que el emperador
corona a la emperatriz ante las miradas
de más de doscientos personajes, otros
tantos retratos de la corte imperial,
sorprendentes por su autenticidad.

THÉODORE GÉRICAULT (1791-1824)

^ LA BALSA DE LA MEDUSA

FRANCIA, 1816-1819
ÓLEO SOBRE TELA;
491 X 716 CM

La crudeza de esta obra maestra de Géricault levantó
escándalo, eco del que ya había causado el naufragio
en 1816. Sólo sobrevivieron quince de los ciento cuarenta
y nueve tripulantes de una fragata que se hundió frente
a las costas de Senegal por culpa de la incompetencia de
su capitán. En el dramático instante elegido por el
pintor, se perfila en el horizonte un barco que pondrá fin
a su calvario: los supervivientes coronan una pirámide
de cadáveres y moribundos.

JEAN AUGUSTE DOMINIQUE INGRES (1780-1867)

⊓ LA GRAN ODALISCA

FRANCIA, 1814
ÓLEO SOBRE TELA; 91 X 162 CM

Abanderado de los dibujantes contra los coloristas, Ingres ofrece,
con esta *Odalisca*, evocación del harén según el gusto orientalista,
una demostración de su singular y sensual capacidad de abstracción.
En efecto, le preocupa menos la precisión en la anatomía femenina
que el gesto gráfico, que domina sobre el realismo y que le da a este
icono demasiado liso un encanto misterioso.

EUGÈNE DELACROIX (1798-1863)

> LA LIBERTAD GUIANDO AL PUEBLO,
EL 28 DE JULIO DE 1830

FRANCIA, SALÓN DE 1831
ÓLEO SOBRE TELA; 260 X 325 CM

En julio de 1830, una revolución popular provoca la caída
del rey Carlos X. Delacroix elige celebrar una de esas jornadas
de insurrección llamadas «las tres gloriosas» y personificar
la Libertad con los rasgos de una mujer, que enarbola la
bandera tricolor mientras franquea una barricada, y arrastra
consigo al pueblo de París. Una alegoría que se ha
convertido en símbolo nacional.

FRANCESCO GUARDI (1712-1793)

< LA PARTIDA DEL *BUCENTAURO* HACIA EL LIDO DE VENECIA, EL DÍA DE LA ASCENCIÓN

ITALIA, ENTRE 1766 Y 1770
ÓLEO SOBRE TELA; 66 X 101 CM

La elección del dogo Alviso IV Mocenigo, en 1763, fue ilustrada por Guardi según grabados de Canaletto en doce *vedute*, entre las cuales ésta ilustra las bodas simbólicas de Venecia con el mar Adriático. Verdadero paisaje urbano, panorama de las maravillas arquitectónicas y de la intensa actividad del gran puerto, también es un ejercicio de estilo sobre la representación del espacio.

JOSEPH MALLORD WILLIAM TURNER (1775-1851)

< PAISAJE INACABADO *O* PAISAJE CON UN RÍO Y UNA BAHÍA A LO LEJOS

INGLATERRA, HACIA 1835-1840
ÓLEO SOBRE TELA; 93 X 123 M

Turner llevó el arte de la pintura paisajística hasta la abstracción para renovarlo de manera radical, como lo demuestran las obras de sus últimos años, que voluntariamente dejó inacabadas. La fusión de las formas en una bruma irradiada de luces de colores, como un recuerdo de la laguna de Venecia, recuerda la técnica de las acuarelas ejecutadas por este pintor.

CASPAR DAVID FRIEDRICH (1774-1840)

> EL ÁRBOL CON CUERVOS

ALEMANIA, 1822
ÓLEO SOBRE TELA; 59 X 73 CM

Esto no es un paisaje, por lo menos no es un paisaje realista. En el espíritu del romanticismo alemán que anima a Friedrich, es más bien una «vanidad», una reflexión sobre la fragilidad del hombre, iluminada por una trágica y fría luz de amanecer. El roble nudoso de desnudas ramas, cuyas raíces se pierden en un túmulo salvaje, y los oscuros pájaros que lo habitan, son otros tantos símbolos paganos de la muerte.

PAUL DELAROCHE (1797-1856)

> **LA JOVEN MÁRTIR**

FRANCIA, 1855
ÓLEO SOBRE TELA;
170 X 148 CM

Paul Delaroche, pintor romántico
tan famoso en su tiempo como
Delacroix, quiso representar en esta
escena lírica «la más triste y la más
sagrada» de sus composiciones.
Una joven cristiana ha sido arrojada
al Tíber, con las manos atadas.
Alegoría de la inocencia martirizada,
la joven recuerda a Ofelia, novia de
Hamlet que murió ahogada. El drama
representado emociona tanto al
público de entonces como al de hoy.

JEAN-BAPTISTE CAMILLE COROT (1796-1875)

< **RECUERDO DE MORTEFONTAINE**

FRANCIA, SALÓN DE 1864
ÓLEO SOBRE TELA; 65 X 89 CM

Apasionado por los inicios de la fotografía en 1850,
pero también uno de los primeros que pintaron al aire
libre, Corot fue un inventor de paisajes que de real
sólo tenían las apariencias. En efecto, en su taller
recompone sus «sensaciones» —perspectivas, reflejos,
luces, atmósferas— según un procedimiento cercano
al de los impresionistas.

ARTES GRÁFICAS

AGOSTINO BUSTI, LLAMADO LE BAMBAIA (1483-1548)

^ PROYECTO DE TUMBA

Italia
Pluma y tintas oscura y gris, aguada gris-oscura,
sobre esbozo preparatorio con estilete;
53,7 x 43,9 cm

El motivo del arco de triunfo, inspirado en la
Roma antigua, es frecuentemente retomado por
los arquitectos del Renacimiento tanto para las
fachadas de iglesias como para monumentos
funerarios. Cristianizada por la presencia de un
Cristo en actitud de bendecir y por alegorías de
la Fe y de la Caridad, esta arquitectura imaginada
por un escultor milanés está representada con
todos los artificios de la perspectiva.

MAURICE QUENTIN DE LA TOUR (1704-1788)

< RETRATO DE LA MARQUESA
DE POMPADOUR

Francia, Salón de 1755
Pastel realzado con gouache sobre papel gris
azulado pegado sobre un bastidor con un lienzo;
175 x 128 cm

Quentin de La Tour le dio al retrato en pastel
una monumentalidad que nada tiene que envidiar
a la pintura de caballete y una delicadeza muy
característica del gusto del Siglo de las Luces.
Antoinette Poisson (1721-1764), marquesa de
Pompadour, amante de Luis XV, protectora de las
artes y de las manufacturas, y ella misma artista
aficionada, está rodeada de libros cuya edición
ha apadrinado, entre ellos la *Enciclopedia* de
Diderot y D'Alembert.

Constituido a partir de las colecciones
del Gabinete de Dibujos del rey, el
Departamento de Artes Gráficas conserva
más de 140 000 obras sobre papel que
constituyen unas de las mejores
colecciones europeas de miniaturas,
dibujos, grabados, acuarelas o pasteles,
cuadernos de artista y libros ilustrados.
Estos documentos frágiles, que son
desnaturalizados por la luz, no pueden ser
expuestos de manera permanente pero
algunas salas del Museo, vinculadas
a las de pintura, de las que son
complemento indispensable, se destinan
a muestras temporales y exposiciones.
Sin embargo, es posible, previa solicitud,
el acceso a la Sala de consulta y de
documentación del Departamento,
situado en el ala de Flore. La colección
es particularmente rica en obras de las
escuelas italiana y francesa desde el siglo
XVI al XIX, con dibujos de los más grandes
maestros, como Leonardo da Vinci, Rafael,
Poussin, Ingres o Géricault, pero también
de las escuelas nórdicas, como Durero,
Rembrandt y Rubens. Las obras son de
técnicas y formatos muy diversos, desde
las ricas miniaturas medievales hasta
los cartones con grandes decorados
diseñados por Le Brun para Luis XIV,
pasando por los cuadernos del viaje
a Marruecos de Delacroix. El fondo se
completa con la colección de 40 000
estampas y 3 000 dibujos legada en 1935
por Edmond de Rothschild y por la
Calcografía nacional, sobreviviente de la
Gabinete real, que incluye más de 13 000
grabados, desde el Renacimiento hasta
la época contemporánea.

JEAN FOUQUET (HACIA 1420-HACIA 1481)

∧ EL PASO DEL RUBICÓN POR EL EJÉRCITO DEL CÉSAR

FRANCIA, DESPUÉS DE 1470-1475
ILUMINACIÓN SOBRE PERGAMINO; 44 X 32,5 CM

Al franquear la frontera entre la Italia romana y las Galias, Julio César pronunció tres palabras que se harían famosas: «*Alea jacta est*» (la suerte está echada). Las iluminaciones de Jean Bouquet, el gran pintor francés del siglo XV, pregonan su dominio del espacio, adquirido en Italia, donde el primer Renacimiento perfecciona la técnica de la perspectiva.

ANTONELLO DA MESSINA (HACIA 1430-1479)

> GRUPO DE MUJERES CONVERSANDO ANTE UNAS CASAS CON TERRAZA

ITALIA, HACIA 1475
PLUMA Y TINTA OSCURA;
20 X 21,5 CM

Con un grafismo realista inspirado en los artistas flamencos y en algunos italianos del siglo XV, el artista siciliano imparte aquí una lección de estructura en perspectiva, sobre un insólito tema profano, quizá destinado a una composición más vasta. El marco arquitectónico evoca el paisaje urbano de Venecia, donde Antonello vivió al final de su vida.

JACOPO BELLINI (1396-1470?)

∧ LOS FUNERALES DE LA VIRGEN

ITALIA
PLUMA Y TINTA OSCURA SOBRE PERGAMINO;
26 X 38 CM

Esta escena en que los apóstoles llevan a la Virgen a la tumba, sacada de la *Leyenda Dorada*, de Jacobo de Vorágine, pertenece a un álbum de 92 láminas ya célebre en tiempos del artista veneciano. La concepción espacial, inspirada en los principios del arquitecto humanista Alberti, combina la alineación de las cabezas que acentúa la perspectiva y un decorado fantasioso, aún medieval.

RAFFAELLO SANTI, LLAMADO RAFAEL (1483-1520)

∧ LA ANUNCIACIÓN

ITALIA
PLUMA Y TINTA OSCURA, AGUADA OSCURA,
SOBRE ESBOZO CON GRAFITO;
28,4 X 42,3 CM

Este dibujo de Rafael es el boceto de uno de los cuadros destinados a adornar el retablo de la capilla de la familia Oddi, en Perugia, una obra de juventud, ejecutada entre 1499 y 1504. La estructura arquitectónica tripartita, alusiva a una Santísima Trinidad centrada en la columna, símbolo de la Pasión de Cristo, contrasta con la serenidad de las figuras de la Virgen y del Ángel anunciador.

MICHELANGELO BUONARROTI, LLAMADO MIGUEL ÁNGEL (1475-1564)

< ESTUDIOS PARA LA ESTATUA COLOSAL DE DAVID Y ESTUDIO DE BRAZO IZQUIERDO

ITALIA
PLUMA Y TINTA OSCURA; 26,2 X 18,5 CM

Símbolo de la resistencia de la república de Florencia contra las poderosas familias Borgia y Médicis, *David vencedor de Goliat* es la obra más célebre de Miguel Ángel. Simboliza, tanto en papel como en mármol, la búsqueda de la belleza ideal, mediante el estudio de la figura humana, en particular masculina, y de la armonía entre las fuerzas de la naturaleza y del espíritu.

LEONARDO DA VINCI (1452-1519)

∨ RETRATO DE ISABELA DE ESTE

ITALIA, 1500
GRAFITO, SANGUINA, DIFUMINADOR, CRETA OCRE, CON RESALTES EN BLANCO;
61 X 46,5 CM

Este estudio para un retrato que nunca se realizó de la princesa de los humanistas, gran mecenas del Renacimiento, combina la visión frontal del busto con un retrato de perfil, nada habitual en Leonardo. Alude a la tradición del retrato imperial derivado del arte de las medallas. La delicadeza del dibujo de las manos y del rostro recuerda a la célebre *Gioconda*.

ANTONIO ALLEGRI, LLAMADO CORREGGIO (1489-1534)

∧ ALEGORÍA DE LOS VICIOS

ITALIA, HACIA 1530-1534
TÉMPERA SOBRE TELA;
142 X 85 CM

Destinado, como su pareja dedicada a las Virtudes, al *studiolo* —gabinete de estudio y colecciones— de Isabella de Este en el palacio ducal de Mantua, esta alegoría moral ilustra el gusto y la cultura de los príncipes humanistas. Representa a un hombre barbudo, Dionisos o Sileno, víctima de su embriaguez, atado a un árbol y atormentado por tres mujeres desnudas que le tientan, cada una a su manera.

GIULIO CAMPAGNOLA (1482-HACIA 1516)

∨ VIAJEROS EN UN PAISAJE
CON UNA CIUDAD FORTIFICADA SOBRE
UNA ROCA CERCA DEL MAR

ITALIA
PLUMA Y TINTA OSCURA, SANGUINA;
17,3 X 26,1 CM

Este dibujo manifiesta la capacidad de los dibujantes para
asimilar las distintas corrientes artísticas de su tiempo:
el tema del pueblo formado por un encabalgamiento
de ruinas remite tanto a los nórdicos como al veneciano
Bellini, mientras que el horizonte delimitado por una
extensión de agua procede de los grabados de Durero.
Además, la claridad y la regularidad recuerdan a Mantegna.

PIETER BRUEGHEL EL VIEJO (HACIA 1525-1569)

∧ PAISAJE ALPINO

FLANDES, 1553
PLUMA Y TINTA OSCURA;
23,6 X 34,2 CM

Realizado durante una estancia del pintor flamenco
en Italia, este dibujo revela una profunda curiosidad
por los sitios pintorescos, y en particular la grandiosa
y salvaje naturaleza de los Alpes. El tratamiento
libre y armonioso del espacio y de las luces no reduce
la riqueza de los detalles: personajes, pueblos, castillo,
rocas, árboles...

FEDERICO BAROCCI (1535-1612)

∧ ADORACIÓN DE LOS PASTORES

ITALIA, HACIA 1560
PLUMA Y TINTA OSCURA, AGUADA OSCURA, GRAFITO,
CON RESALTES EN BLANCO, PAPEL GRIS AZULADO;
19,3 X 25,9 CM

La Contrarreforma católica, enfrentándose
al protestantismo, es un periodo de fervor
religioso que se manifiesta en un fastuoso
arte sagrado. Barocci es uno de los pintores
de cámara del papa Pío IV, en Roma. El culto
de la Virgen y de los Santos que invade las
imágenes pías, y las *Natividades* y *Adoraciones*
sirven como pretexto para escenas nocturnas
y dramáticas.

REMBRANDT HARMENSZOON VAN RIJN
(1606-1669)

∨ LAS TRES CRUCES

HOLANDA
PUNTA SECA Y BURIL SOBRE PERGAMINO;
38,8 X 45,6 CM

El claroscuro es uno de los recursos empleados
por Rembrandt para dar a sus aguafuertes una
extraordinaria intensidad dramática. A lo largo
de su vida ilustró el mundo de la Biblia con una
espiritualidad y una honda interiorización.
Las tres Cruces es la más grandiosa de estas
composiciones irradiadas por una luz divina
que contrasta con sombras poderosas.

TIZIANO VECELLIO, LLAMADO TIZIANO
(1488/1490-1576)

< LA BATALLA DE SPOLETO

ITALIA
CARBONCILLO, GRAFITO, CON RESALTES EN
BLANCO, AGUADA OSCURA. PINTADO CON GRAFITO
SOBRE UNA BALDOSA; 38,1 X 44,2 CM

Este dibujo de Tiziano es uno de los
escasos vestigios del primer encargo
oficial que le hizo Venecia, ciudad de la
que se convertiría en pintor oficial después
de Bellini. La batalla que enfrentó al
papa Alejandro III con Federico Barbarroja
en 1155 era el tema de una inmensa
decoración para la Sala del Consejo, en
el palacio de los Dogos, acabada en 1538
y destruida por un incendio en 1577.

CHARLES LE BRUN (1619-1690)
> ÁFRICA

FRANCIA
GRAFITO, CON RESALTES EN BLANCO
SOBRE PAPEL BEIGE; 178 X 195,5 CM

La escalera de los embajadores en el castillo
de Versalles, obra cumbre del arquitecto
Louis Le Vau, fue decorada con pinturas
suntuosas sobre el tema de las cuatro partes
del mundo. Le Brun, primer pintor de Luis XIV,
realizó trescientos cartones a escala, que
se han conservado: éste representa África
encarnada en una mujer subida a un elefante.

NICOLAS POUSSIN (1594-1665)
∨ APOLO ENAMORADO DE DAFNE

FRANCIA
PLUMA Y TINTA OSCURA, AGUADA OSCURA,
SOBRE UN ESBOZO EN GRAFITO;
30,9 X 43 CM

Boceto para la última pintura de Poussin, que quedó
inacabada, este dibujo ilustra las desventuras de
Apolo y Dafne, símbolo del amor desgraciado por
una venganza de Cupido. Esta composición compleja,
que representa varios momentos de la historia,
subraya la meditación en detrimento de la acción,
oponiendo en el espacio a los dos protagonistas.

JEAN-ANTOINE WATTEAU (1684-1721)

< ESTUDIO DE OCHO CABEZAS, CON UNA MANO DERECHA SOSTENIENDO UNA MÁSCARA

FRANCIA, HACIA 1715-1716
GRAFITO, SANGUINA, TIZA BLANCA,
CON RESALTES DE PASTEL; 26,5 X 39,7 CM

Soberbio ejemplo del trabajo académico de los pintores clásicos, estos dibujos están realzados por el empleo de tres lápices: negro, sanguina y tiza blanca. Estos «pensamientos», como los llamaba Watteau, que a veces los recuperaba para sus pinturas, son obras con identidad propia e ilustran magníficamente la búsqueda de «autenticidad».

JACOB JORDAENS (1593-1678)

∨ SAN IVO, PATRÓN DES ABOGADOS

FLANDES; TÉMPERA SOBRE DOS CARTONES PEGADOS;
300 X 312 CM

El abogado de los pobres, que vivió en el siglo XIII, está representado en un interior flamenco y barroco del siglo XVII, ante una familia arruinada que implora ayuda y a la que señala el cielo, en alusión a la Providencia divina. Es el cartón de un tapiz, parte de un grupo de ocho que ilustraban los proverbios flamencos, en este caso: «La usura es un gran mal, una grave peste en la ciudad».

GIANDOMENICO TIEPOLO (1727-1804)

^ JESÚS CLAVADO EN LA CRUZ

ITALIA; PLUMA Y TINTA OSCURA, AGUADA OSCURA; 48,5 X 37,5 CM

Hijo del célebre Giambattista Tiepolo, el maestro de los decorados venecianos, Giandomenico expresó sus grandes cualidades de dibujante con obras inspiradas en temas bíblicos, que no parecen estudios para pinturas. La ejecución es rápida, espontánea, pero no por ello la composición y la perspectiva son menos elaboradas.

JEAN-ÉTIENNE LIOTARD (1702-1789)

v RETRATO DE MADAME TRONCHIN

SUIZA, 1758
PASTEL; 63 X 50 CM

Este pintor y grabador suizo se especializó en el retrato, gracias a su excelencia en la técnica del pastel. Aquí representa fielmente y con sensibilidad el rostro y la expresión austera de Anne de Molène. Esposa de un Consejero de Estado, el rigor de su educación calvinista se manifiesta en la sobriedad y en la riqueza discreta de su ropa, así como en la inteligencia de la mirada.

GIOVANNI BATTISTA PIRANESI (1720-1778)

< INTERIOR DE PALACIO

ITALIA; PLUMA Y TINTA OSCURA, AGUADA OSCURA, SANGUINA;
51,2 X 76,5 CM

Obra de juventud del arquitecto veneciano que alcanzará la celebridad gracias a sus arquitecturas «imaginarias» difundidas por los grabados, especialmente las *Prisiones*, este gran dibujo ya ilustra su fantasía visionaria, a la cual una consumada maestría en la aguada confiere una dimensión grandiosa.
Una fiesta en honor de un héroe es el pretexto para un tratamiento teatral del espacio arquitectónico.

ANNE-LOUIS GIRODET DE ROUSSY-TRIOSON
(1767-1824)

> ## EL JUICIO DE MIDAS

FRANCIA
GRAFITO, AGUADA ENNEGRECIDA, AGUADA GRIS,
PLUMA Y TINTA OSCURA, RESALTES EN BLANCO;
30,2 X 49,8 CM

Alumno de David, cuyo neoclasicismo
enriquece con su gusto por lo extraño
y lo grotesco, Girodet busca temas que
le inspiren tanto en los textos antiguos
como en las tradiciones legendarias o
incluso en los libros de sus contemporáneos,
como Chateaubriand. Sacado de las
Metamorfosis de Ovidio, este dibujo, de
tema complejo, se hace inteligible gracias
a la finura y precisión de su grafismo.

PIERRE PAUL PRUD'HON (1758-1823)

< ## LA RIQUEZA

FRANCIA; GRAFITO, CON RESALTES
EN BLANCO, SOBRE PAPEL AZUL;
310 X 75 CM

Entre 1797 y 1801, Prud'hon recibe
el encargo de decorar dos salones
de recepción de la mansión parisina
del financiero Lannoy; el primero,
con el tema de las Cuatro
Estaciones, y el segundo con
cuatro grandes paneles de figuras
femeninas que simbolizan la Riqueza,
las Artes, los Placeres y la Filosofía.
Este dibujo para la Riqueza,
lleno de alegorías de sabor clásico,
es un cartón a escala.

JEAN AUGUSTE DOMINIQUE INGRES (1780-1867)

< ## RETRATO DE LA FAMILIA STAMATY

FRANCIA; MINA DE PLOMO; 46,3 X 37,1 CM

Siguiendo la tradición inglesa, los retratos dibujados
—éste es el de la familia del cónsul de Francia en Roma
durante el Imperio— eran considerados como obras con
entidad propia, y para un joven artista constituían una fuente
de financiación nada desdeñable. El lápiz permite a Ingres
trazar los contornos con gran precisión y representar las
sombras y las luces con mucha delicadeza.

ARTE PRIMITIVO

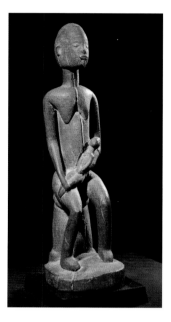

MAESTRO DE LA MATERNIDAD ROJA

MATERNIDAD

Mali, territorio Dogon, siglo xiv
Madera; Altura: 75 cm

El tema universal y sagrado de la madre con el niño
es uno de los motivos predilectos de los escultores
africanos. Talladas en piedra, marfil o madera,
naturalistas o estilizadas, estas piezas son símbolos
de la fertilidad pero también de las «esposas del más
allá», un homenaje a la feminidad de los ancestros
femeninos. La dulzura y la serenidad que emanan son
igualmente una expresión universal.

El Louvre ya era, en el siglo XIX, un
«museo de mundos lejanos». En efecto,
durante la Segunda República, en el
segundo piso del Cour Carrée permanecía
abierto un museo etnográfico oriental y
africano e incluso un museo «americano»,
donde se conservaban antigüedades pre-
colombinas, que completaban las del
Museo de la Marina, que data de 1827,
rico en colecciones etnográficas. Estas
colecciones se juntaron, en 1878, en el
Museo Etnográfico de Trocadero, futuro
Museo del Hombre, donde han permane-
cido hasta finales del siglo XX, mientras
que las colección de arte asiático fueron
donadas al Museo Guimet, en 1945.
La decisión de devolver a la colección
de arte llamado «primitivo» un lugar de
honor y reagruparla en un nuevo museo
de arte primitivo en el Quai Branly vino
acompañada del deseo de presentar en el
Louvre una selección de obras maestras
provenientes de las cuatro partes del
mundo no europeo: África, Asia, Oceanía
y las Américas. Estas obras, en su gran
mayoría esculturas de bulto redondo en
madera, pero también en bronce, marfil,
terracota o piedra, dan testimonio de la
espiritualidad y la búsqueda estética de
civilizaciones largamente subestimadas,
a pesar del gran papel que han jugado en
la renovación del arte occidental con
Gauguin, Breton, Picasso, Giacometti...
Esta es una ocasión única de confrontar
el lenguaje de las formas y de las ideas
del arte occidental con el hieratismo de
la escultura africana, la extrañeza de los
ídolos de las islas del Pacífico, y con
la diversidad americana, que comprende
la cultura de los mayas, los incas, los
aztecas, los indios o incluso los inuits.

CAJA ADIVINATORIA

Costa de Marfil central,
segunda mitad del siglo xix
Madera, terracota; Altura: 25 cm

Esta sorprendente caja para adivinación
por medio de ratones es obra de un
artista baule. La figurilla de un adivino
meditando se apoya contra una gran
jarra de arcilla en la cual se colocará
un ratón, habitante del dominio sagrado
y subterráneo de los ancestros, y unos
palillos con trozos de frutas. Su
disposición permitiría leer el futuro.

> ## ESTATUILLA DE HOMBRE SENTADO

Filipinas, norte de la isla de Luzón, siglo XV
Madera; Altura: 48 cm

Esta escultura ifugao ilustra, por su equilibrio y un sentido
excepcional de las proporciones estilizadas, la gran
calidad plástica del arte funerario de los primeros habitantes
de las islas de Insulindia, en Filipinas. Pueblo de marinos que
afrontaba la cólera del océano y el cielo, conservó desde sus
orígenes epopeyas con tintes oníricos y animistas.

< ## FIGURA DE RELICARIO FANG

Guinea Ecuatorial o Gabón, mediados del siglo XIX
Madera; Altura: 60 cm

Es en la escultura que el genio africano se manifiesta con
mayor fuerza, como en esta estatuilla dquirida en el siglo
XIX por el Museo de Etnografía de Trocadero. El sabio juego
de formas estilizadas, que inspiró al cubismo, se pone aquí
al servicio de la espiritualidad: las figuras de los ancestros
eran los intermediarios con el mundo de los muertos
y de los espíritus.

^ MÁSCARA DE TRANSFORMACIÓN

COLUMBIA-BRITÁNICA (CANADA), SIGLO XIX
MADERA; 34 X 130 CM (ABIERTA)

Proveniente de la costa noroeste de Alaska, esta máscara espectacular perteneció a Claude Lévi-Strauss. Testimonio del arte mágico y onírico de la cultura inuit kwakiutl, esta cabeza de hombre encerrada en un cráneo de pájaro tutelar debía jugar un papel terrorífico durante las ceremonias rituales hipnotizando a la audiencia con la desmultiplicación de los ojos.

> POSTE DE CASA CEREMONIAL

ISLAS SALOMÓN, ISLA DE MAKIRA
(SAN CRISTÓBAL), SIGLO XVII
MADERA; ALTURA: 211 CM

Las divinidades de Oceanía constituyen un panteón a veces sorprendente para los occidentales, al igual que las escenas representadas sobre los grandes postes de las casas ceremoniales. Por ejemplo, esta doble efigie de ancestros que muestra sin falso pudor ni vergüenza un acto sexual cuyo valor ritual y simbólico se expresa con una estética estilizada.

< ESTATUILLA CON COSTILLAR

ISLA DE PASCUA, SIGLOS XVII-XVIII
MADERA; ALTURA: 34 CM

La escultura de Oceanía es de una gran diversidad, y los artistas polinesios, melanesios y micronesios a menudo han dado libre curso a su imaginación para ofrecernos imágenes desconcertantes, mágicas, a menudo incomprensibles fuera de contexto. Esta estatuilla de un *moai kavakava*, «ser del más allá», abre sus grandes ojos igual que las grandes estatuas de piedra de la Isla de Pascua.

> ESTATUILLA SILBATO

ISLA DE JAINA, CAMPECHE, MÉXICO,
SIGLOS VII-X; PERIODO CLÁSICO RECIENTE
TERRACOTA; ALTURA: 19,3 CM

Esta figurilla cuyo rostro ilustra el canon de belleza maya, con sus ojos almendrados, los labios levantados y una nariz aguileña, lleva una tiara que disimula un cráneo que ha sufrido deformaciones rituales. Se trata de una rara representación apacible en un mundo dominado por la violencia y los sacrificios humanos, garantes de la perpetuación de la vida.

CRÉDITOS FOTOGRÁFICOS

MUSÉE DU LOUVRE
Henri Loyrette › *Presidente-Director*
Didier Selles › *Administrador General*
Aline Sylla-Walbaum › *Administradora General Adjunta,*
Directora de Desarrollo cultural

ÉDITIONS DU MUSÉE DU LOUVRE
Violaine Bouvet-Lanselle ›
Jefa del Servicio Editorial,
Dirección de Desarrollo cultural del Museo del Louvre
con la colaboración de Isabelle Calvi

ÉDITIONS HAZAN
Edición › Anne-Isabelle Vannier
Diseño › Sylvie Milliet
Diseño de portada › Jean-Marc Barrier
Traducción, corrección y adaptación gráfica › EME Producción Editorial
Producción › Claire Hostalier

© Musée du Louvre, París, 2006
© Éditions Hazan, París, 2006
http://www.louvre.fr

ISBN Louvre › 2-35031 099 X
ISBN Hazan › 2 7541 0142 X
Dépôt légal › mars 2009
Photogravure › IGS, l'Isle-d'Espagnac, France
Imprimé en France par Pollina, Luçon - n° L49637

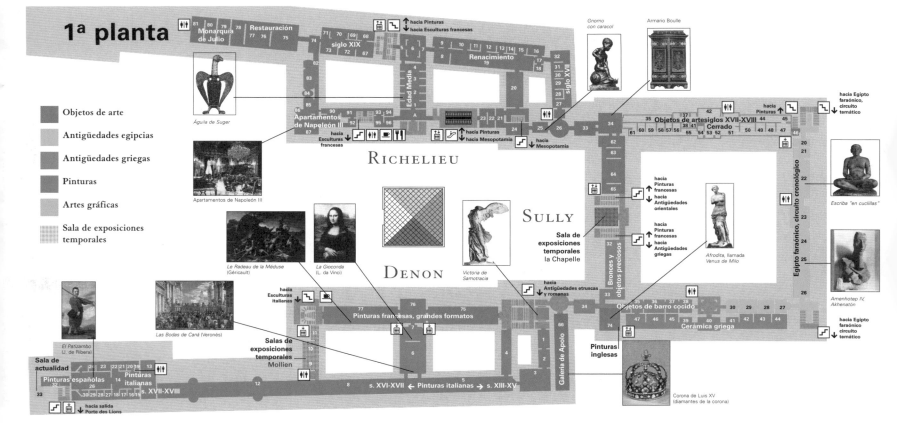

1ª planta

Objetos de arte
Antigüedades egipcias
Antigüedades griegas
Pinturas
Artes gráficas
Sala de exposiciones temporales

Monarquía de Julio
81 80 79 78 Restauración
77 76 75

71 70 69 68
73 72 67

siglo XIX

5   6   7
4

Edad Media

3

2

1

A

Apartamentos de Napoleón III
86 90 91 93 94
92 95 96
87

hacia Esculturas francesas

Águila de Suger

Apartamentos de Napoleón III

82

83

84

85

hacia Pinturas
hacia Esculturas francesas

9 10 11 12 13 14 15 16

Renacimiento
19

17
18

20

32
31
30
29
28
27

siglo XVII

23 22 21 24

25 26

33

hacia Pinturas
hacia Mesopotamia

hacia Mesopotamia

Gnomo con caracol

Armario Boulle

42

35 Objetos de arte siglos XVII-XVIII 44 45
37
38 41
Cerrado
61 60 59 58 57 56 55 54 53 52 51 50 49 48 47 46

hacia Pinturas

hacia Egipto faraónico, circuito temático

34

62

63

64

65

hacia Pinturas francesas
hacia Antigüedades orientales

hacia Pinturas francesas
hacia Antigüedades griegas

Afrodita, llamada Venus de Milo

Sala de exposiciones temporales la Chapelle

RICHELIEU

SULLY

DENON

Le Radeau de la Méduse (Géricault)

La Gioconda (L. da Vinci)

Victoria de Samotracia

Bronces y objetos preciosos
32

33

hacia Antigüedades etruscas y romanas

Las Bodas de Caná (Veronés)

Pinturas francesas, grandes formatos
77 76 75

hacia Esculturas italianas

Salas de exposiciones temporales Mollien

6

7

1

2

Galería de Apolo
66

34 Objetos de barro cocido
35 36 37 38
74 47 46 39 40 41 42 43 44
Cerámica griega
30 29 28 27

Pinturas inglesas

Escriba "en cuclillas"

Egipto faraónico, circuito cronológico

20
21

22

24
25

26

Amenhotep IV, Akhenatón

hacia Egipto faraónico circuito temático

El Patizambo (J. de Ribera)

Sala de actualidad
24 23 22 21 20 19 13
26
Pinturas españolas 14 Pinturas italianas
32
30 29 28 27 18 17 16 15

s. XVII-XVIII

12

33

hacia salida
Porte des Lions

8 s. XVI-XVII ← Pinturas italianas → s. XIII-XV

4

3

Corona de Luis XV (diamantes de la corona)